A
STRATEGY AND PRACTICE OF REGIONAL CONSTRUCTION

地域創生の戦略と実践

濱田恵三/伊藤浩平/神戸一生
[編著]

山本誠一/辻本乃理子/中川佳英子/栗原正憲
[著]

晃洋書房

は じ め に

　今，地方創生や地域創生という言葉は，テレビ，新聞をはじめ，著書，雑誌，電子媒体（SNS他）などで聞かない日がないほど溢れている。とりわけ近年，日本の人口減少・少子高齢化が顕著になるなかで，地域の過疎化は深刻な社会問題となってきている。さらに，「日本創成会議・人口減少問題検討分科会（座長　増田寛也氏）」が提唱した「消滅可能性都市」[1]など，日本の地方自治体の将来像はますます厳しい状況に置かれている。

　このような状況のなかで，国をあげて地方創生に取り組んではいるものの，その成果が顕著にみられる状況にあるとはいえない。そこでは，行政のビジョンは構築できても，具体的な戦略や推進組織などへの課題が山積しているといえよう。

　本書では，「地方創生」は自治体が中核となって実施する事業とし，地方都市の人口減少・少子高齢化に歯止めをかけ，地方都市の活力や魅力を新たに創生する活動と位置付ける。そして，「地域創生」は自治体をはじめ地域住民（NPO他）や地元事業者などと一体となって，衰退する地域の再生や創生へ向けたまちづくりの活動と位置付ける。なお，本書では「地方創生」という言葉は，国の政策スローガン的な呼称イメージが強いため，あえて「地域創生」という言葉で，地方都市の再生・創生について考察する。

　もとより，国をあげて取り組んでいる「まち・ひと・しごと創生法（地方創生法）」を意識しながらも，国の政策だけにとらわれず，地方自治体の独自政策の模索も含めて，各地域がそれぞれの特徴を生かしたまちづくりを促進する戦略を考察することが不可欠になる。

　そこでは，単に成功事例を真似るだけでなく，その地域独自のまち資産

（資源）を生かした地域創生へ向けた戦略（手法）が必要不可欠になる。まさしくそれは，地域ごとの最適状態化（ローカル・オプティマム）の創出を意識した地域創生を考察することである。言い換えれば，地域創生の戦略は，都市ごとの人口規模，地域特性，歴史・文化の蓄積度などの文脈（意味付け）で異なるように，その都市の数だけ存在すると捉える。

これらを解き明かすためには，先進（成功）事例の紹介だけに止まらず，地域独自のまちづくりへ向けて，どのような視点で捉えるべきかを戦略と実践を交えて，学際的な視点から考察し，今後の地域創生とまちづくりについての提案を試みることにする。

すでに，「地方創生」や「地域創生」の関する著書は，成功事例の紹介やまちづくりの視点からの考察など，多く出版されている。本書は，これらの文献を意識しながらも「地域創生とまちづくり」について，新たな視点から独自の考察を試みたいと考えている。

本書の狙い（分析視角と枠組み）は，地方都市の対象を小都市（人口10万人以下）中心に考察しながらも，中都市（数十万都市）についても考察を加えるところにある。

また，本書の戦略的課題の重要な視点である地域創生を推進するためには，地域に居住する定住人口を増加させる政策だけでは限界もあり，目標を達成することができない状況にあるといえよう。

そこで，地域創生へ向けて国内外からの観光来訪者などの誘引による交流人口を促進させることが，新たな地域創生の重要な戦略として捉えることにする。とりわけ近年，アジア諸国を中心に日本を訪れるインバウンド（訪日外国人）は急増しており，今後もさらに増加することが予測される。そこでは，定住人口の減少を交流人口の増加で補うような地域創生戦略が重要になる。まさしくそれは，定住人口と交流人口の総和が，都市の魅力を高め競争優位性を発揮する都市（再生）マーケティング戦略である。

もとより，人が訪れたいまちは，地域に居住する住民にとって"住みた

い・住み続けたいまち"としての魅力があることはいうまでもない。そのためには，まちの住環境整備や子育て，教育・福利施設などの充実を図ることも余儀なくされる。

　さらに，都会などからの移住を促進するためには，その地域での仕事（雇用）の創出はもとより，空き家などを含めた居住施設の整備などについて，行政はもとより地域全体で取組み，受け入れ態勢を整えなければ"絵に描いた餅"になるといえよう。

　これらの先進事例は，すでに島根県海士町や徳島県神山町などにみられるが，これらの一般化（標準化）へ向けた研究は十分なされていない。本書では，先進事例を紹介するだけに止まらず，その成功事例を論理的な視点から分析することを試みたいと考えている。

　本書は，数年前から「近畿まちクリエイト」の勉強会を通して，研究してきたテーマである。この勉強会は，大学教員，企業経営者，コンサルタント，デザイナーなど日頃からの研究活動や現場での実践を通して，地域活性化に取り組んできたメンバーで構成されており，そこでの成果を著書にまとめることにしたものである。

　1章では，地方都市の概況をはじめ，地域創生の概念や問題認識や問題提起と併せて，本書の戦略的視座からみた具体的戦略を考察する。

　2章では，地域創生を地域マーケティングの視点から捉え，今後の地方都市のまちづくりへ向けた都市マーケティング戦略を考察する。

　3章では，地域創生へ向けたブランディング戦略について，デザイン戦略や地域との関わりなどの重要性について，先進事例を交えて考察する。

　4章では，地域居住学や地元学の視点から定住人口の歯止め策や移住促進策を模索し，これらの課題解決へ向けた戦略と先進事例を併せて，地域創生を考察する。

　5章では，まちなかの衰退・空洞化する商店街再生を通して地域創生とまちづくりについて，実際の活動から得られたノウハウや先進事例を交え

て考察する。

　6章は，定住人口の減少が避けられないなかで，交流人口の増加を促進する観光まちづくりの促進に向けて，新たな視点から先進事例を交えて考察する。

　7章では，さらなる観光振興へ向けた新たなツーリズムによる観光まちづくりの可能性について模索し，インバウンドによる地域創生の観光まちづくりについて考察する。

　8章では，新たな地域創生の戦略として，クリエイティブシティ（創造都市）に着目し，国内外の先進事例を交えて，その可能性について考察する。

　9章では，これらの地域創生を推進するうえで，極めて重要となる推進主体（担い手）について，先進事例などを交えてあるべき推進体制を考察する。

　そして終章では，これらを受けて今後の地域創生のあり方（あるべき姿）や展望と課題などについてまとめてみることにする。

　もとより，本書は多くの執筆者で構成されているため，全体の均一性や整合性は，十分満たしているとはいえない。また，それぞれの立場や表現方法によって，アンバランスな側面があることは否めない。当然，文体も執筆者それぞれの個性溢れるものとなっている。そこには，それぞれの日常的な研究や実践的活動から導かれた視座があり，独自の視点や表現方法も見受けられる。しかし，そこには，実学的視点や実際の活動を通した独自の視点や考察がある。

　近年の厳しい出版事情にもかかわらず，本書出版に際し，ご高配をいただいた晃洋書房代表取締役・植田実氏や当初から本書へのご指導・ご鞭撻いただいた編集部の阪口幸祐氏に深く感謝申し上げたい。また，本書を出版するにあたって，編集，校正，デザイン，印刷，製本などに携わって頂いた関係者の皆様方にも篤く御礼申し上げたい。

はじめに

　地域創生は，前述したようにそれぞれの地域ごとの特性などに合わせた独自の戦略が必要不可欠になる。それを一般化し論理的にまとめあげることは非常に難しいといえよう。なぜなら，人口数千人の都市と人口数十万の都市とでは，その戦略（手法）は当然ながら異なるからである。しかし，地域特性や規模の違いはあれ，自らの都市（地域）を再生・創生したいという願いは同じである。本書が，各地で地方創生や地域再生に取り組んでいる関係者各位やまちづくりに興味を持つ市民や学生の方々に少しでもお役に立てば，著者達の大いなる喜びとするところである。

2018年1月

編者代表　濱　田　恵　三

●注
1) 少子化や人口減少に歯止めがかからず，20～39歳の女性の数が5割以下に減る自治体を消滅可能性都市と呼んでいる。

目　　次

はじめに

Chapter 1　地域創生の概念と戦略的視座 …………………… 1

1　地方都市の概況と地域創生の概念 …………………… 1
(1) 地方都市の概況と課題／(2) 地方創生と地域創生の概念

2　地域創生へ向けた戦略的視座 …………………… 3
(1) 人口規模・地域特性別にみる地域創生の戦略的視座／(2) 地域創生の新たな戦略的視座／(3) 地域創生に向けた推進主体の戦略的視座

3　地域創生における具体的戦略の考察 …………………… 6
(1) 産業（雇用）促進による地域創生／(2) 定住（移住）促進による地域創生／(3) 地域ブランドの構築による地域創生／(4) 観光まちづくりの促進と地域創生

4　小　括 …………………… 11

Chapter 2　地域創生とマーケティング戦略 …………………… 15

1　地域創生におけるマーケティング戦略の意義 …………………… 15
(1) 地域創生を取り組む上での経営戦略的視点とその重要性について／(2) 地域創生を取り組む上でのマーケティング戦略の重要性について

2　地域創生におけるマーケティング戦略の概念 …………………… 19
(1) マーケティング戦略の概念／(2) 関わる人の体験的ベネフィットを創出しなければ，地域創生は成立しない

3 地域創生におけるマーケティング戦略の役割............ 20
（1）地方都市における価値の発見／（2）人との関わりにおける地方都市の価値と体験的ベネフィット／（3）地方都市の価値と関わる人の体験的ベネフィットの整合性

4 地域創生におけるマーケティング戦略の具体的考察........... 24
（1）地方都市の商品やサービスの発見／（2）地方都市の商品やサービスの絞り込み／（3）地方都市の価値の発見と絞り込み／（4）地方都市の体験的ベネフィットの絞り込み／（5）地方都市に魅力を感じる人の体験的ベネフィットの裏付けと明確化／（6）地方都市のエッセンスの確定

3 Chapter 地域創生とブランディング・デザイン戦略......... 35

1 地域ブランディングの実態と課題............ 35
（1）地域ブランディングの実態／（2）地方創生の課題

2 地域ブランディングのデザイン概念............ 39
（1）ブランディングとデザイン／（2）デザイナーと地域との関わり

3 福井県鯖江市河和田地区の事例............ 41
（1）鯖江市の取り組み／（2）「河和田アートキャンプ」／（3）「RENEW」／（4）「よそ者・若者・馬鹿者」／（5）イベントの本当の目的とは／（6）デザインプロデュース

4 地方創生ブランディングの今後として............ 47

4 Chapter 地域創生と地域居住戦略......... 51

1 地域居住学の概念と枠組み............ 51
（1）地域居住学とは／（2）地域コミュニティとは／（3）地域

コミュニティの変化・変遷／（4）地域コミュニティ活動の担い手

2　地域居住学の視点からみた地域創生への戦略的視点 ………… 54
（1）定住／（2）移住

3　地域居住学からみた地域創生の先進事例 ………………………… 57
（1）地域の魅力の発見「地元学」（熊本県水俣市）／（2）公立大学開学による地域との連携と地域コミュニティ（京都府福知山市）／（3）神山プロジェクト（徳島県神山町）

4　事例から見た地域創生への戦略的視点 …………………………… 66
（1）田舎で「住みたい，住み続けたい」と思う価値とは何か／（2）「交付金だより」ではない地域の魅力で人々を引き寄せる

5　小　括 …………………………………………………………………… 68

Chapter 5　商店街再生による地域創生 …………………………………… 71

1　国の商業振興政策の変遷 …………………………………………… 71
（1）流通近代化からまちづくり支援へ／（2）補助金交付から人的支援へ

2　地方創生と商店街振興施策 ………………………………………… 73
（1）「総合戦略」と商店街振興施策／（2）地方自治体の取り組み

3　地方都市商店街の地域創生 ………………………………………… 74
（1）事業構成／（2）地方創生施策の先進事例

4　地域創成を目指す商店街活性化のパラダイムシフト ………… 79
（1）福井駅前商店街／（2）神戸市水道筋商店街

5　小　括 …………………………………………………………………… 86

Chapter 6 地域創生と観光まちづくり ……… 89

1 地域創生における観光まちづくりの意義 ……… 89
(1) 観光まちづくりの概念／(2) 地域創生に向けた観光まちづくりの意義と役割

2 地域創生へ向けた観光まちづくりの新たな視座 ……… 90
(1) 観光まちづくりにおける新たな動向／(2) 地域創生に向けた観光まちづくりの先進事例

3 奈良市の観光まちづくりの概況と展望 ……… 94
(1) 奈良市の観光の概況／(2) 奈良市の観光まちづくりへ向けた新たな取組み／(3) 奈良の観光まちづくりの今後の課題

4 小 括 ……… 100

Chapter 7 地域創生へのツーリズム戦略 ……… 103

1 ツーリズムの概念と意義 ……… 103
(1) ツーリズムとは／(2) ツーリズムの概況／(3) 地域創生におけるツーリズムの意義と役割／(4) ツーリズムの新たなトレンド

2 地域創生への新たなツーリズム戦略 ……… 107
(1) DMOとDMCの導入／(2) 日帰り観光から宿泊型観光へ／(3) インバウンド（訪日外国人）の誘致／(4) 着地型観光の新たな潮流／(5) LCC（格安航空会社）を活用した観光客の取り込み

3 地域創生へ向けた観光ホスピタリティの演出 ……… 114
(1) 地方都市への観光客のニーズ／(2) 観光客へのホスピタリティの演出

4 小 括 ……… 116

Chapter 8 地域創生とクリエイティブシティ …… 119

1 クリエイティブシティの概念と意義 …… 119
2 地域創生におけるクリエイティブシティの意義 …… 120
3 欧州のクリエイティブシティの先進事例 …… 121
　(1) イタリア ボローニャ市／(2) フランス ナント市／
　(3) スペイン ビルバオ市
4 日本のクリエイティブシティの事例（取組み） …… 124
　(1) 石川県金沢市／(2) 兵庫県宝塚市／(3) 兵庫県篠山市／
　(4) 香川県直島町
5 地域創生におけるクリエイティブシティへの考察 …… 128
6 小　括 …… 129

Chapter 9 地域創生と推進主体 …… 131

1 地域創生における推進主体の概況 …… 131
2 地域創生に向けた推進主体の考察 …… 133
3 地域創生へ向けた推進主体への展望と課題 …… 134
4 小　括 …… 135

終　章 今後の地域創生への展望と課題 …… 139

1 地域創生のあるべき姿 …… 139
2 今後の地域創生への展望 …… 140
3 地域創生へ向けた今後の課題 …… 141

地域創生の概念と戦略的視座

1 地方都市の概況と地域創生の概念

(1) 地方都市の概況と課題

近年，地方都市は人口減少・少子高齢化が顕著にみられるなかで，厳しい状況に置かれており，深刻な社会問題となってきている。図1-1に示した日本の将来推計人口では，2050年には，人口が1億人を割り込み，2060年には，8600万人と推定されている。

同様に高齢化率は，2050年には3割強，2060年には4割弱と推測されている。そこでは，人口減少や少子高齢化が国内市場の縮小をもたらし，消費需要の低下や経済成長の低下を招く，負のスパイラルが余儀なくされるといえよう。

このような状況下で，地方創生が全国的に注目され，地方創生法などの政策も施行されているが，"笛吹けども踊らず"の状況にあることも否めない。そこでは，地方自治体の基本計画は示されているものの，地域あげての取組みが十分とはいえない。

(2) 地方創生と地域創生の概念

地方創生とは，前述したように地方都市の人口減少・少子高齢化に歯止めをかけ，地方都市の活力や魅力を創生し，地域を元気づけるためのまち

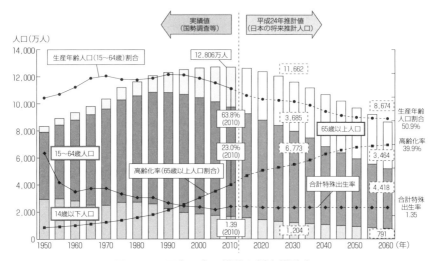

図1-1　日本の人口推移と将来推計人口
出典：国土交通省「日本の人口推移と将来推計人口」（2012年推計）。

づくり政策として，2014年に「まち・ひと・しごと創生法（地方創生法）」が施行され，「まち」「ひと」「しごと」に関する戦略を一体的に推進するとしている。この地方創生法の目的は，以下のように定められている。

「まち」：国民一人一人が夢や希望を持ち，潤いのある豊かな生活を安心して営める地域社会の形成
「ひと」：地域社会を担う個性豊かで多様な人材の確保
「しごと」：地域における魅力ある多様な就業機会の創出

そして，これらを推進する総合戦略として，①「東京一極集中」を是正する。②若い世代の就労・結婚・子育ての希望を実現する。③地域の特性に即して地域課題を解決する。この3点を基本的な枠組みとしている。

そこでは，魅力ある地域社会の再構築を目指して，定住人口の減少に歯止めをかけること，移住の促進，就業（雇用）機会の創出，子育て促進への戦略，地域独自の魅力あるまちづくり戦略，多様な人材の再構築などが

重要なキーワードになっている。

ここでいう地域創生とは，衰退する地域の活力と魅力づくりへ向けた持続的なまちづくりと捉える。なお，はじめにで述べたように「地方創生」という言葉は，国の政策スローガン的な呼称イメージが強いため，あえて「地域創生」という言葉で，地方都市の再生・創生を捉えることにする。もとより，そこでは人口減少・少子高齢社会のなかで，衰退する地方中小都市の構造的課題を解決するために，地方創生へ向けたまちづくりについて考察することには変わりはない。

次節では，国をあげて取り組んでいる地方創生法を意識しながらも，国の政策だけにとらわれず，地方自治体独自の政策の模索も含めて，各地域独自の特徴を生かした，地域創生へ向けた戦略を考察する。

2 地域創生へ向けた戦略的視座

(1) 人口規模・地域特性別にみる地域創生の戦略的視座

地域創生を論じる時，都市の人口規模，地域（立地）特性，歴史・文化などの蓄積度などを無視して，その戦略を構築することはできない。そこで，まず人口規模と地域（立地）特性などを加味して，地域創生の戦略（手法）を整理してみる。

大枠で捉えれば，表1-1に示したように，人口1万人以下の都市と人口数万人以上の都市では戦略が異なるといえよう。また，都市の立地的特性として，農村・漁村地域と地方都市圏や大都市近郊都市では，その戦略

表1-1　都市人口別・地域・立地特性別にみた戦略的視座

	人口数千人～1万人程度	人口数万人～数十万人程度
農村・漁村	移住促進，農・漁業振興（農泊）他	定住促進，地域ブランド，観光振興他
地方都市圏	定住促進，地域ブランド，観光振興他	新産業創出，地域ブランド，観光振興他
大都市近郊	定住促進，子育て・教育・福祉他	子育て・教育・福祉，住環境整備他

的視座は異なる。

　しかし，これまで取り組んできた実践体験からいえば，地域創生においても地域独自の戦略が余儀なくされることはいうまでもない。その意味でいえば，地域創生は地域ごとの文脈（意味付け）で異なり，その都市の数だけ戦略が存在するといえよう。まさしくそれは，地域ごとの最適状態化を創出する「ローカル・オプティマム」[1]戦略の構築が必要不可欠になる。

　そのためには，潜在的に有する地域固有の資産の有効活用はもとより，新たなまち資源を発掘・発信して，地域独自の地方（地域）創生戦略が余儀なくされる。

(2) 地域創生の新たな戦略的視座

　地方創生はもとより，地域創生においても定住人口に対する戦略（処方箋）だけでは，その成果に限界があり，大きな期待が持てない状況にあることは否めない。そこで，交流人口の促進を含めた新たな地域創生の戦略が必要不可欠になる。

　とりわけ，地域創生へ向けて国内外からの観光来訪者などの誘引による交流人口の促進が，地域創生の重要な戦略になるといえよう。近年，日本を訪れるインバウンド（訪日外国人）は急増しており，2014年度の1341万人から2015年度は1974万人，2016年度は2404万人，そして2017度は2869万人と推計されており，ここ数年の伸び率は驚異的である。さらに今後も増加することが予測されており，2020年の東京オリンピック・パラリンピック開催年度には，4000万人と推測されている。

　そこでは，東京，大阪などの大都市や京都，奈良などの観光都市だけでなく，地方の中小都市にも観光来訪者が多くみられるようになってきており，地域創生に向けて，千載一遇のチャンスを迎えている。

　国土交通省観光庁の試算では，定住人口一人の年間消費額は124万円であり，これを観光来訪者の消費額に換算すると，日帰り客83人，宿泊客26

人，海外客10人に匹敵するといわれており，経済的な視点からみても交流人口の促進は有効な戦略となる。

　もとより，海外からの観光客だけでなく，定年を迎えた団塊世代や旅行好きの国内観光客に対して，地域独自の魅力を磨き上げ，アピールすることによって，さらなる観光来訪者の誘引が期待できる状況にある。

　そのためには，地域独自の文脈（意味付け）を生かした観光まちづくりの促進へ向けたさらなる取組みが望まれる。とりわけ地方中小都市は，大都市に比べて近代化や都市化が思うように進まなかったがゆえに，地域固有の歴史・伝統・文化や古き良きまち並みや建造物などが残されている地域もみられる。さらに，地域に住む人しか知り得ないまち資産を生かした着地型観光の推進はもとより，農業や漁業などを生かした体験観光や近代遺産（廃坑した鉱山他）などを生かした産業観光も有効な戦略になる。

　さらに，芸術（アート），音楽，文化をはじめ，地域独自の食文化・地域ブランドなどを生かした観光ツーリズムも注目されるようになり，新たな地域創生戦略として期待される。

　これらの交流人口の増加による観光まちづくりの推進は，地域創生にとって有効な戦略的視座になる。都市の魅力は，定住人口と交流人口の総和によって，その都市の優勝劣敗が決まるといわれている。その意味でいえば，都市間競争時代を生き抜くうえで，重要な都市マーケティング戦略になる。

(3) 地域創生に向けた推進主体の戦略的視座

　地域創生に取り組むためには，地方自治体（行政）がイニシアチブを発揮して，総合戦略を構築することが必要条件になることはいうまでもない。しかし，具体的な戦略を推進するためには，行政だけでは十分とはいえない。そこでは，地域創生に関わる地元事業者や外部企業などの参画と併せて，地域住民などの多様な推進主体（担い手）との連携・協働が必要不可

欠になる。

　筆者の経験からいえば，今までまちづくりに取り組んで一定の成果を収めた地域には，必ず多様な担い手による中核的な仲間集団の存在がある。まさしくそれは，「ソーシャル・キャピタル（社会関係資本）」の構築による地域力の向上が不可欠となる。

　とりわけ，市民（地域住民）の参画・協働は重要な視座になる。地域創生は，地域住民が自ら住む地域への愛着と誇り（シビックプライド）を持つことが不可欠な要素になるからである。自ら住むまちに対して愛着や誇りがなければ，"住みたい・住み続けたいまち"はもとより，人が訪れたいまちになることは難しいといえよう。

　その意味でも，地域創生を推進していくためには，行政力や企業（民間事業者）力と併せて，市民力の強化や醸成に努め，有機的結合を図りながら地域力を高めていくことが必要不可欠になる。

　これらの推進体制については，9章で詳述するが，近年，観光振興に向けて地域をあげて組織的に取り組む「DMO（観光地経営組織）」が注目されている。それは，観光事業者に止まらず，多様な関連主体と連携・協働して，情報発信やプロモーション戦略などの効果的なマーケティングを推進する観光振興組織である。

　このように，地域創生を推進するためには，地域全体で多様な主体（担い手）による連携・協働が必要不可欠になる。

3　地域創生における具体的戦略の考察

(1) 産業（雇用）促進による地域創生

　地方創生はもとより，地域創生において人口減少に歯止めをかけるためには，繰り返し述べてきたように，就業（雇用）機会を創出することが必須条件になる。なぜなら，住み慣れた故郷を離れて都会などへ行かざるを

得ない大きな理由の一つは，その地域に働く場所が少ないからである。これらが地方都市の人口減少に歯止めがかからない最も大きな要因となっている。

そのためには，地域に根付いた地場産業のブランド力の向上や既存産業としての農林漁業や商工業との農商工連携による6次産業化による魅力武装化の推進が必要不可欠になることはいうまでもない。しかし，これらを実現するには，地域のしがらみや産業間の軋轢などの構造的課題を解決することが必要になり，困難を極めていることは否めない。

そこで近年，地域外からの若者の移住促進戦略が着目されている。とりわけ，徳島県神山町の移住プロジェクトが注目されている。神山町は，人口約5500人の地方小都市であるが，近年スモールベンチャー（田舎ビジネス）などによる新たなビジネス（なりわい）として，小さな経済活動を通して，都会からの若者の就業・移住促進に成功している。そこでは，田舎ならではの自然環境をアピールすることで，クリエイティブクラス（創造的人材）を誘引しようという地域創生である。これらの仕掛けづくりによって，仕事が人を呼び込み，人がさらに人を呼び込む好循環を生み出している。

まさしくそれは，田舎の魅力をアピールすると同時に，都会の生活に疲れた若者たちのIターンなどによって，新たな産業（雇用）促進に結び付けた戦略である。

もちろん，これらの成功へ向けては，行政の情報武装化などへのインフラ整備はもとより，地域に眠る空き家や空き店舗の再利用を地元事業者や地元住民（NPO他）が斡旋するなど，地域をあげた取組みによって成し遂げられたことはいうまでもない。

また，衰退した都市商業地において，空き店舗や空きビルなどを有効活用し，テナントリーシング事業として，地域商業地の再生戦略による雇用促進もみられる。そこでは，「エリアリノベーション（工作的都市）」を概念

にして，まちなかの商業地に新たな魅力を掘り起こし，商業者の誘引と同時に移住促進に成功している。とりわけ，これらの先進事例として，尾道市旧市街地，岡山市問屋町，北九州市小倉・魚町などでみられる。

もとより，これらは特異な事例ではあるが，全国津々浦々に存在する地方都市の生き残りをかけた地域再生へ向けた処方箋が示されている。

(2) 定住（移住）促進による地域創生

前項で雇用と移住促進の視点から「神山プロジェクト」を紹介したが，ここでは，定住人口の促進に向けて，子育て，教育，住環境整備に力点を置いた取組みに成功している千葉県流山市の事例を交えて，定住（移住）の促進について考察してみる。

流山市は，人口15万人規模の都心の近郊都市であり，定住人口の促進策として，子育て環境の強化策を打ち出している。社会問題化している保育園や学童保育所の整備と併せて，良質な住環境整備に取組み，都心から一番近い森のまち（オープンガーデン）として，"母になるなら，流山市"，"父になるなら，流山市"をテーマに，「住み続けたい・住んでみたいまち」へ向けたシティプロモーション戦略によって，流山市の存在をアピールした。その結果，10年で2万人以上の定住人口を増加させている。

もとより，都心の近郊都市という立地的な優位性はあったが，地域独自の魅力を発掘・発信するために，日本初のマーケティング課を開設し，その後シティセールス室を設置し，住みたいまちへの魅力づくりと存在感をアピールしたことが，流山市の定住促進への成果に結びついたといえよう。

このように，その地域独自の魅力を確立し，発信するシティプロモーション戦略によって，都市のブランディングを構築することができる。なお，ブランディング戦略については，3章で詳しく展開しているので，そちらを参照いただきたい。

(3) 地域ブランドの構築による地域創生

　地域創生の戦略として，地域固有の資源を有効活用した地域ブランドの構築が全国的に注目されている。そこでは，地域の産業起こしの一環として，ものづくり（特産物他）による地域創生がみられる。

　これらの先駆的な取組みは，高知県馬路村の特産品である柚子を有効活用した食品加工（ポン酢，ジャム他）による通信販売や，徳島県上勝町の枝や木の葉による「ツマモノ」の商品化など，辺境の地から生まれた中山間地域の産業起こしである。

　これらが起爆剤になって，2006年にはB級グルメの祭典「B-1グランプリ」の開催や地域名と商品名のブランドを組み合わせた「地域団体商標制度[2]」が施行されることによって，地域ブランドによる地域創生が注目されるようになる。

　なお，ここでいう地域ブランドとは，「地域発の商品・サービスのブランド化と地域イメージのブランド化を結び付けて，持続的な地域経済の活性化を図ること」である。

　しかしこれまでは，ものづくり（特産物他）に傾斜した地域ブランドの構築に終始してきたことは否めない。本来，地域ブランドは地域固有の「モノ（特産物他）」だけではなく，「コト（祭りやイベント他）」や「バ（まち並みや建造物他）」を含めた，地域の総合的なブランド価値の構築が必要不可欠になるといえよう。

　これらの先進的な取組みは，兵庫県伊丹市でみられる。伊丹市は，古くから酒造業が栄えた"清酒発祥の地"であることから，酒関連のモノづくり（酒粕うどん，酒スイーツ他）をはじめ，酒関連イベント（蔵まつり，酒蔵夜市，バル他）と併せて，酒蔵風情が残るまち並みや建造物を生かした酒蔵通りのまち並み景観形成を複合した都市ブランドの構築によるまちづくりに取り組んできた。

　その結果，近接する地域に出店してきた大型商業施設（SC）との個性的

な棲み分けに成功し，魅力ある中心市街地（商業地）に再生した。

　それは，暮らしの中に埋もれている小さな魅力ある場の発掘・発信によって，散歩に出かける感覚で気軽にまちを訪れる「日常観光」[3]による地域創生である。

　これらの地域ブランドの構築による地域創生を推進するために，行政や商工会議所はもとより，地元事業者や市民との連携・協働があったことを忘れてはならない。

（4）観光まちづくりの促進と地域創生

　地域創生を促進するうえで，定住人口の減少を交流人口の増加で補うためには，地域を訪れる観光客を取り込んだまちづくりの推進が必要不可欠になることは繰り返し述べてきた。とりわけ近年，従来の発地型観光（旅行社などが企画・運営するパッケージ観光）に代わって，地域に埋もれている資源の発掘・発信による「着地型観光」をはじめ，農業・漁業などの体験観光，近代遺産や操業中の工場夜景を観光資源と位置付ける産業観光が注目されてきており，新たな地域創生への視座になるといえよう。

　さらに，新たなツーリズムとして映画やテレビドラマなどで有名になった撮影場所などを訪れる「スクリーン・ツーリズム」をはじめ，芸術（アート）・音楽などを生かした「アート・ツーリズム」や，まちなかの美術館や博物館をまち歩きなどで巡る「ミュージアム・ツーリズム」などの新たな観光ツーリズムもみられる。また，地域固有の食文化を発掘・発信する「フード・ツーリズム」として，富士宮市の焼きそば，明石市の玉子焼きなど，地域固有の食文化をアピールした観光まちづくりの推進もみられる。

　なお，ここでいうツーリズムの概念は観光より広く，目的地での永住や営利を目的とせずに，日常生活圏を一時的に離れる旅行のすべてと，それに関する事象と定める。

　また，ここでいう観光まちづくりとは，地域独自の自然・歴史・文化な

どを資源化して，観光来訪者を呼び込む地域振興策と定める。そこでは，地域経済の活性化として，雇用機会の増大や地域の人々との交流促進にも結び付くといえよう。

さらに近年，前述したように観光まちづくりを地域あげて組織的に推進する「DMO（Destination Management Organization）：観光地経営組織」が注目されている。それは，地域をあげてインバウンド（訪日外国人）の誘引などへ向けた観光地を振興するための推進組織である。岐阜県高山市では，行政内に「海外戦略部」を創設して，インバウンド客の誘引へ積極的な取組みがみられる。また，瀬戸内7県が連携して，「せとうち観光推進機構」を設立し，広域連携で瀬戸内の観光振興を推進している。

前述したように，日本へのインバウンド（訪日外国人）は，今後も増加が見込める状況にあり，地方都市においても大いなる可能性を秘めているといえよう。

なお，これらの観光まちづくりの展開については，6・7章で詳しく展開しているので，ここでは骨子に止めておくことにする。

4 小 括

ここまで，地域創生の戦略的視座として，成功事例を真似るだけでなく，人口規模別，地域（立地）特性，歴史・文化の蓄積度などを前提条件にしたうえで，地域ごとの最適状態化の構築を目指した「ローカル・オプティマム」による地域固有のまちづくり戦略の重要性について考察してきた。

さらに，定住人口の歯止め策として，定住や移住促進の先進事例はもとより，定住人口の減少を交流人口の促進で補う観光まちづくりの有効性について，地域ブランドの構築や新たな観光まちづくりの促進戦略についても考察してきた。

そして，定住人口と交流人口の総和を高めることが，都市間競争時代に

おける都市マーケティング戦略や都市ブランディング戦略に有効な示唆を与えてくれている。そこでは，"住み良いまち，住み続けたいまち"が，同時に"人が訪れたいまち"に結び付く有効な戦略になる。

さらに，地域固有の潜在的なまち資産の有効活用はもとより，新たなまち資産の発掘・発信を通したシティプロモーション戦略の重要性についても考察してきた。

そして，地域創生を促進する推進体制（組織）については，行政やコンサルタントなどに任せるだけでなく，民間事業者はもとより，市民（地域住民）との連携・協働による地域創生に向けた"中核的な仲間集団（仲間づくり）"の再構築が地域創生へ向けたまちづくりにとって，重要な視座になることを考察してきた。

なお，これらの具体的な戦略については，次章以降で各執筆者が専門的な見地で先進事例や自ら体験してきた事例を交えてより詳しく展開しているので，ここでは骨子に止めておくことにする。

● 注
1）長瀬光市監修・編『地域創生への挑戦』公人の友社，2015年，97頁。
2）2006年に，経済産業省中小企業基盤整備機構が定めた地域ブランド構築の制度をいう。
3）『まちづくり（観光まちづくりの可能性）季刊19』学芸出版社，2008年，36頁。

● 参考文献
川上光彦編著『地方都市の再生戦略』学芸出版社，2013年。
木下 斉『地方創生大全』東洋経済，2016年。
佐々木一成『地域ブランドと魅力あるまちづくり』学芸出版社，2011年。
篠原 匡『神山プロジェクト（未来の働き方を実験する）』日経BP社，2014年。
高橋一夫『DMO観光地経営のイノベーション』学芸出版社，2017年。
田中道雄ほか編著『シティプロモーション（地域創生とまちづくり）』同文舘出版，2017年。
田中道雄・白石善章・濱田恵三編著『地域ブランド論』同文舘出版，2012年。

地域ブランディング協会監修『地方創生の切り札DMOとDMCの作り方』枻出版社，2016年。
地域しごと創生会議編『地域しごとづくりへの挑戦』中央公論新社，2017年。
長瀬光市監修・編『地域創生への挑戦』公人の友社，2015年。
馬場正尊＋OpenA『エリアリノベーション』学芸出版社，2016年。
牧瀬　稔『地域創成を成功させた20の方法』秀和システム，2017年。
増田寛也監修『地方創生ビジネス教科書』文藝春秋，2015年。
『まちづくり（観光まちづくりの可能性）季刊19』学芸出版社，2008年。
矢作　弘『都市縮小の時代』角川書店，2009年。

(濱田恵三)

Chapter 2
地域創生とマーケティング戦略

1 地域創生におけるマーケティング戦略の意義

(1) 地域創生を取り組む上での経営戦略的視点とその重要性について

　地域創生に関する取り組みが，地方自治体を中心として，あるいは様々な地域やコミュニティなどが中心となって展開されているが，それぞれの取り組みにおいて成功例が少なく，一時的な盛り上がりや衰退，あるいは失敗といったケースが散見される。なぜこのようなことが起きるのか。それはアイデアが不足している，アイデアが良くない，予算が足りない，あるいは地方都市そのものに真の魅力がないといったことが原因であると片付けてはいないか。

　この主たる要因について，数年前から地域創生に関する研究がいろいろ行われているが，表面的な成功事例研究がほとんどで，その成功の核心にまで掘り下げられたケースは稀である。他の成功事例を真似てみたところで，成功するわけはない。成功するには，理由がある。それは，地域創生を成功させるために必要な視点，考え方，そして最も重要なのは地域創生の戦略的思考が非常に重要になるからである。

　地域創生を成功させる上で，それぞれ目標となる数値はある。移住者数の増加，出生数の増加，観光者の増加，地場産業の売上増加，商店街の来店者数増加と売上増加等その目標は様々であるが，何らかの量的増加や質

的増加を目標に地域創生を企画し実行しているはずである。これは企業が経営を行う上で，あらかじめ目標概要と数値を到達する上で，その戦略を立てて実行することと同じである。すなわち経営戦略的思考と同じ考え方が必要で経営戦略的思考を取り入れて進めないと，地域創生の成功はありえない。それは企業経営を成功させるプロセスと同じであるといえる。例えば企業経営を成功に導く経営戦略的思考については数多くの研究や論文があるが，その中で参考にするべき考え方として，マーケティングフレームワークの基礎であり代表的なフレームワークである3C（3C分析，「市場（Customer）」「競合（Competitor）」「自社（Company）」の頭文字）の思考を取り入れるべきである。3Cを考える上で中心となる考え方について共通するポイントは「人」の視点，思考がベースにある。図2-1で示したように，3C（Customer（市場，顧客），Competitor（競合），Company（自社））において，それぞれの「C」の活動の中心は，「人」であり，戦略設計の中心的思考，アプローチはそこにある。地方都市における3Cとは，自社（Company）にあたるものが，市区町村といった行政区や商店街，地域／地場産業，観光資源等，地域における様々なブランドであり，競合（Competitor）は魅力が競合するブランド（行政区や商店街，地域／地場産業，観光資源等），市場（Customer）は地方都市においてモノやサービスを利用する人（住む，買う，

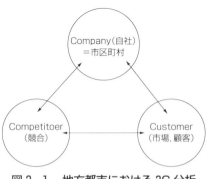

図2-1　地方都市における3C分析
（筆者作成）

みる等様々な形で関わる人）に該当する。

　とりわけ，「人」の視点と，その思考を戦略的体系的に組み立てることで，地域創生も成功ストーリーの戦略，そして具体的な戦術に展開可能となる。

　特に企業経営戦略的視点で重要なポイントは，ものやサービスの価値だけではなく，「人」が感じるベネフィットを理解することから始まる。ベネフィットとは，研究社新英和中辞典での「benefit」の意味では，利益，ためになること［もの］であるが，フィリップ・コトラーのマーケティング・マネジメント基本編[1]において述べられている通り，企業が顧客に提供する価値とは，企業の独りよがりの製品価値ではなく，顧客が認める，あるいは受け入れる価値である必要がある。その上で「顧客価値」とは，コトラーは，Customer Perceived Value と表現され，「顧客受容価値」あるいは，「顧客認識価値」とも呼ばれるのである。さらに，その顧客価値とは「顧客が得るすべてのベネフィット（総顧客ベネフィット）」と「その入手・使用にかかるコスト（総顧客コスト）」の差と捉えられ，総顧客ベネフィットはさらに細分化され，１．製品ベネフィット（製品そのものの価値：機能・信頼性・希少性など），２．サービスベネフィット（製品に付随したサービスの価値：保守・メンテナンスなど），３．従業員ベネフィット（従業員の応対やパーソナリティによる価値：対応態度など），４．イメージベネフィット（企業イメージ・ブランドイメージなどによる価値），これらすべての顧客が得るベネフィットを認識しておくことが重要である。特にイメージベネフィットは，直接的なベネフィットではなく，経験／体験して感じるベネフィットであり，自分本位のベネフィットではない体験によるベネフィット（ここでは今後，「体験的ベネフィット」という）が非常に重要な意味を持つ。企業経営戦略においてもこの体験的ベネフィットにフォーカスしてマーケティング戦略を立案し，施策を投入している。

　地域創生においてもこの体験的ベネフィットの考え方は同様で，ものやサービス先行ではなく，真に人が感じる体験的ベネフィットが重要であり，

その体験的ベネフィットが何かをリサーチし創造していくことから始まる。すなわち，地域創生を進める上で経営戦略的視点無くして成功はないといってよい。

(2) 地域創生を取り組む上でのマーケティング戦略の重要性について

　企業が発展，あるいは生き残るために経営戦略はなくてはならないものである。しかし，経営戦略といっても非常に視点が広い中，根幹となるものというとそれはマーケティング戦略である。マーケティング戦略は，中長期的に企業が発展するためにとるべき対応策，特にものやサービスとそれを求める顧客の関係性をより高めるための戦略を検討し，顧客生涯価値（LTV = Life Time Value）を高める戦略を検討することを指すが，もう少し具体的にいうと，マーケティングとは，企業などの組織が行うあらゆる活動のうち，「顧客が真に求める商品やサービスを作り，その情報を届け，顧客がその価値を効果的に得られるようにする」ための概念である。また一般的な定義として「顧客，依頼人，パートナー，社会全体にとって価値のある提供物を創造・伝達・配達・交換するための活動であり，一連の制度，そしてプロセスである。」（マーケティングの定義2007年（AMA：American Marketing Association））とされているが，言い換えると「人が何を望み，必要としているのか，あるいは悩んでいるかを分析・考察し，真に人に受け入れられる仕組みをつくること」である。

　このマーケティング戦略の考え方は，地域創生を取り組む上でも非常に重要である。地方都市が行うあらゆる活動のうち，「人が真に求める商品やサービスを作り，その情報を届け，人がその価値を効果的に得られるようにし，同時に人のウォンツを解明し，地方都市の価値を生み出すための戦略，仕組み，プロセス」というマーケティング戦略思考が重要であり，企業の経営戦略視点の上でのマーケティング戦略というアプローチなくして地方創生の成功は難しいといえる。

2 地域創生におけるマーケティング戦略の概念

(1) マーケティング戦略の概念

　地域創生におけるマーケティング戦略とは，地方都市に関わる人々が求める地方都市における価値の創出と発見，そこから生まれる一連の戦略である。地方都市に関わる人々とは，そこに暮らす人はもちろんのこと，地方都市に関わるすべての人に関係し，例えば都市を計画する人から管理する人，都市内の事業者，その都市と関わりのある外部都市の事業者，その都市に興味を持つかもしれない他の都市の人等すべてを指す。

　地域創生におけるマーケティング戦略で重要なのは，地方都市に関わる人々が求める地方都市における価値の創出と発見で，この価値の考え方が一番重要なポイントである。企業の経営戦略の上での商品やサービスの価値が重要であるように，成功か否かの大きな要素となる。特に地方都市での価値を，例えば地域特産物やコミュニティに例えていうと，継続的に大きなウォンツを生まないものは，地方都市の価値としては成立せず，単なる期間的イベントに終わることになる。重要な考え方は，企業戦略的マーケティング思考を持ち込み，地方都市に関わるすべての人が真に何を望み，本当に何を享受したいのか，そして継続的に関わることで，その関わる人々に対してどんな体験的ベネフィットがあるかどうかが明確であることである。

(2) 関わる人の体験的ベネフィットを創出しなければ，地域創生は成立しない

　地方都市における価値の中で，それに関わる人（暮らす，働く，遊ぶ等）が求める体験的ベネフィットを創出することに意味があり，関わる人が求める体験的ベネフィットが何かを見極めることが重要である。この体験的

ベネフィットの見極めは，企業経営戦略においても非常に困難を要することであるが，地方都市の体験的ベネフィット，すなわち生活や暮らしを通して感じる，また得られる価値，あるいは働くことで得られる価値，遊ぶことで感じる価値や得られる価値など，その体験的ベネフィットを設計すること，あるいは見つけることがファーストステップである。ここに明確なウォンツがなければお仕着せの価値に陥ってしまう。

これが地域創生におけるマーケティング戦略を進める上での最初の重要ポイントで，地方都市の持っている価値と，関わる人が求める体験的ベネフィットとの整合性があるかどうかで明暗が分かれる。ではその次に，その体験的ベネフィットの整合性が取れているかどうかは，どうやって確認するかであるが，それは徹底的なリサーチを行った上で確認することが欠かせない。このリサーチについては，4節（5）にて詳しく解説する。

そしてその次のステップとして，地方都市の体験的ベネフィットからエッセンス（体験的価値から生まれた他にはない地方都市の本質）を見つけ出し，それをコンテンツとして様々な形で，関わりのある人へ情報発信をすることである。

このような流れで，魅力ある地方都市を創り上げることが成功する地方創生の道である。

3 地域創生におけるマーケティング戦略の役割

(1) 地方都市における価値の発見

地方都市における価値というと，まちづくりから地域資源，産業，観光など様々な価値がある。そもそも地方都市における価値とは何かということについて考えてみる必要がある。

価値とは，一般的な価値の意味である「どれくらい役に立つか，どれくらい大切かという程度，値打ち」ではなく，消費あるいは経験面からのア

プローチを指し，その中で形成されるものである。

　例えばインバウンド事業で考えるとわかりやすいが，地方都市の価値は，渡航者の国や地域，また渡航時期やタイミングによって変化することから伺えるように，有名な都市，具体的にその土地や施設，食べ物やイベントそのもののネームバリューだけではなく，渡航者がそこで経験したいと思える価値をいう。

　特にまちづくりや地域産業における価値は，その対象となる人や組織の真の意向を無視した，あるいは上辺だけの薄っぺらな，お仕着せものは，結局支持されないという結果を招くケースがよくある。これは，地方都市の価値のあり方をよく検討せずに招いた結果といえる。

　まずマーケティング戦略的アプローチによる地方都市の価値の発見において重要なのは，マーケティング戦略でいうペルソナの設定である。マーケティング戦略におけるペルソナとは，企業の商品・サービスを利用する顧客の中で最も重要な人物モデルのことを指し，この絞り込まれた人物モデルがどんな具体的欲求や不満を抱えているかを明らかにすることである。地方都市のペルソナとは，地方都市と関わりたい人を徹底的に絞り込んで，その人の欲求や現状の問題・課題を知ることから始まり，その人が地方都市と関わることで生まれる体験的ベネフィットが何かを探ることから始まる。この基本的マーケティングアプローチ無くして，地域創生の成功はないといっていい。このような地域創生においてマーケティング戦略を取り入れて，ペルソナの設定という考え方でプランニングを行った自治体としては，千葉県流山市のシティセールスプランがある。流山市は，2005（平成17）年に自治体で初めてマーケティング課をつくり，情報発信や地域イメージ，そして街のブランディングまでを意識したまちづくりを始め，住民誘致を図る上で，長寿社会を支える共働き子育て夫婦「DEWKS」（Double Employed With Kids，30歳代〜40歳代の共働き子育て世代）に訴求対象を絞ったマーケティング戦略を展開し，シティセールスプランを成功させ

てきた。(2014 (平成26) 年，2015 (平成27) 年の転入超過数は全国10位，2016 (平成28) 年は全国8位。特に子育て世代の転入者が増えている。) この成功事例からもわかるように，地域創生においてマーケティング戦略を取り入れることが，いかに重要かが伺える。

(2) 人との関わりにおける地方都市の価値と体験的ベネフィット

　地方都市における価値，特に人との継続的な関わり（暮らす，働く，遊ぶ等）の中で生まれる体験的ベネフィットが，関わる人々からどれだけ支持されるかによって，成功，発展するかどうかが決定づけられる。この体験的ベネフィットが，地方都市の本当の魅力であり，パワーである。では，地方都市における体験的ベネフィットとは何かをもう少し具体的に見ていくと，例えば地域産業においては，そこに関わる人が興味を持ってから，体験，経験し，そこで得たものから感じることが，地方都市の体験的ベネフィットである。あるいは，経験しないまでも，様々なメディアや口コミ等によって伝えられて，人の頭の中に醸成されたものである。

　マーケティング戦略では，体験的ベネフィットとは製品やサービスを利用，体験，経験することで消費者が得られる価値のことである。言い換えると，体験的ベネフィットとは，「商品やサービスを利用，経験することで得られる良い効果」のことをいい，有形の「価値」ではなく「人の頭の中にイメージとして無意識に形成されるもの」である。したがって地方都市の体験的ベネフィットも「人の頭の中に，無意識にイメージされるもの」は何かが重要となる。

　この人の頭の中でポジティブにイメージが形成されたものが，地方都市に人々を引きつけ，人を集め，お金や時間を消費するのである。地方都市を成功，発展に結びつけるこの体験的ベネフィットを把握することが，地域創生の一番重要なポイントである。

　その具体的事例として，5章「商店街再生による地域創生」の中の4節

(1) 福井駅前商店街の EKIMAE MALL の中の，福井駅前の危機的商店街を復活させたプロセスで説明できる。この危機的商店街の復活ポイントが，ファンづくりという考え方にある。このファンづくりこそが，人々の頭の中でポジティブにイメージを形成させるというプロセスの中で，体験的ベネフィットを形成し，人々を動かし，商店街を活性化させたといえる。

(3) 地方都市の価値と関わる人の体験的ベネフィットの整合性

　体験的ベネフィットこそが，地方都市における重要なポイントであるが，この体験的ベネフィットは，人の頭に形成されるものであり，直接見てわかるものではない。しかも体験的ベネフィットとして抽出されるものは，抽象的な表現が多く，その本質を見極めることは，なかなか難しい。では，どうやって地方都市の体験的ベネフィットを発見していくのか。体験的ベネフィットは人の頭の中に形成されるものであるから，その「人」を徹底的に絞り込まなければならない。これがマーケティング戦略で言うペルソナ設定である。福井駅前商店街の事例でいうと，「集客が少ないのは中身の広報が出来ていない証拠であり，コンテンツが悪いのが原因である。そこでターゲットを絞り，イメージを明確に（濃く）する必要があり，それは足し算ではなく引き算である。」というように徹底的に人物像を明確に描くことである。

　人物像を明確に描くために「人」のプロフィールをたった一人に絞り込み，その人の頭の中を明確にするために，その人の欲求，悩み，望み，不安，期待等々を徹底的に書き出し，頭の中を可視化する。それを何度か繰り返し書き出して確認していくことで，体験的ベネフィットが発見できる。同時に，その体験的ベネフィットが本物かどうかを確認するために，様々な角度で調査（調査の方法は，4節（5）にて解説）を行い，体験的ベネフィットの裏付けを取ることが重要なポイントである。

4 地域創生におけるマーケティング戦略の具体的考察

(1) 地方都市の商品やサービスの発見

　地方都市における商品やサービスを見つけていく上でまず確認することは，どんな独自の価値があるかを徹底的にリサーチし，リストアップすることから始まる。その数はできる限り多い方がいい。その上で重要なのは先入観や意図的な思考が入らないようにすることである。どうしても専門家を中心に限られたメンバー，例えば地方都市，地域行政に関する専門家，広告代理店，タウンプロデューサー，観光／インバウンドコンサルティング等の専門家だけで話し合う，あるいは専門家にすべて任せてしまうことが多いが，メンバーの選択も重要なポイントである。その上で今までにない新しいアイデアで，本当に関わる人々に必要とされている商品やサービスであるかを見極めなければいけないのであるが，なかなかイノベーティブ・シンキング｛創造的なアイデアを生み出す（デザイン・シンキング）｝が難しい。地方都市における新しい商品やサービスを発見する上でイノベーティブ・シンキング｛創造的なアイデアを生み出す（デザイン・シンキング）｝はなくてはならない重要なプロセスである。他にはない独自性があり，関わる人が体験的ベネフィットを感じる地方都市の商品やサービスを見つけていくプロセスは，なかなか困難な作業である。

　また商品やサービスがないところから作り上げる場合は，地方都市が目指すところを決めていくことからスタートする。これはマーケティング戦略におけるプロダクト開発と同様で，綿密な戦略が必要である。特に思い入れや思い込みがないように，マーケティング的な市場性を徹底的に洗い出すことが重要である。

　この地方都市の商品やサービスを発見し，決定することが一番重要な作業で，一番問題になるのが，既に商品やサービスが決めつけられている中

で，その本質を議論なしに進めることである。では，重要であるマーケティング的な市場性についてであるが，その市場性はどうやって計るのか。

その指標はいろいろあるが，重要なのはまず USP（Unique Selling Proposition＝他にはない独自の提案）が明確であるかということである。

ますます Market differentiation（市場の差別化）が必要な社会において，単なる差別化ではなく，「Unique Selling Proposition（他にはない独自の提案）」が重要で，地域創生における「Unique Selling Proposition」を見出すことから始まる。

例えば，5章「商店街再生による地域創生」の中の3節（2）の豊岡市カバンストリートは独自の提案を見出すことで，商店街の活性化を実現した。

しかし，なかなか「Unique Selling Proposition」を見つける，あるいは作り出すことは困難である。これは企業経営においても同様である。では，独自の提案がないという場合どうするかであるが，そもそもこの独自の売りという考え方は，ものやサービスそのものの価値ではなく，ものやサービスが持つ体験的ベネフィットに対してであるということを認識することがポイントである。すなわち，ものやサービスが同様に思えても，価値の考え方を変えることで，「Unique Selling Proposition」を構築することは可能である。ものやサービスの体験的ベネフィット，この考え方捉え方は難しいが，企業経営においてもこの体験的ベネフィットの創造が企業を発展させる大きなポイントであるように，地域創生においても非常に重要である。

また，提供する価値がどういう価値の連鎖を生んでいるか，すなわち価値の提供側と価値を享受する側を明確にして，その価値の中身を浮き彫りにし，さらにその周辺の価値の連鎖，中心となる価値の交換以外に派生する価値の連鎖は何かを発見すること，実はここが重要であり，ここに価値の本質が見出され，そこから体験的ベネフィットが見出される。

またこの段階では，どんな商品やサービスがあるのかをできるだけ多く

あげることから始まる。商品やサービスを見つけ，体験的ベネフィットの強みを見つける際に重要なのは，専門的な知見や，先入観，常識等を一切排除することである。一般的にこのようなプロセスを進める場合，その組織やグループ，そのメンバーは専門家と呼ばれる人々やある程度，地方都市に関して知識を持った人々ばかりを集めて議論をすることになる。しかしこのようなメンバーで絞り込みを進めても，新しい発見，特にクリエイティブ・ブレークスルーはないといってもいい。重要なのは，多角的な意見，アイデアをできるだけ多く集めることが，このプロセスでは重要である。

このようにして，まずは地方都市の商品やサービスを見つけていくことが，成功への第一歩であり，地方都市を活性化させるスタートラインである。

(2) 地方都市の商品やサービスの絞り込み

地方都市の商品やサービスの体験的ベネフィットは，関わる「人」に対してどんな強みを持つのか，また似たような体験的ベネフィットを持つ地方都市はどこで，何が違うのかを確認し，その商品やサービスが関わる「人」にとって本当に魅力があるのかどうかを確認するプロセスを進めて，初めてその地方都市の体験的ベネフィットが決まる。

最初に数多くリストアップされ，多様性に富んだ地方都市の商品やサービスを，次のプロセスでは絞り込んでいく必要がある。この絞り込み，取捨選択が地方都市の今後を大きく左右することになるので，どうやって絞り込んでいくかが重要である。

一般的には数多くリストアップされた商品やサービスをグループ分けする上において，その属性カテゴリーに応じて分類することが思いつくが，その分類の方法によって絞り込みの結果は大きく影響を受ける。どのような尺度，基準でくくるのかが大きな問題であるが，このような場合，図2

2章　地域創生とマーケティング戦略

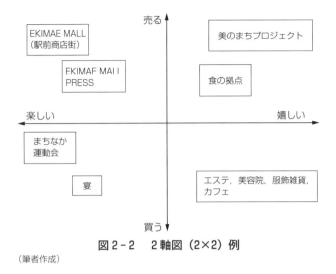

図2-2　2軸図（2×2）例

（筆者作成）

-2で示したように，2軸図（2×2）にマッピングすることで，今あるものを可視化することから始めていき，その中から今までになかった問題定義の切り口を見つけることが，問題を整理しやすい。

　最初にこのX軸・Y軸をどう取るかが難しいところであるが，単純に整理する視点からの切り口ではなく，どんなことが得られるのか，どんな悩みから抜け出せられるのか，という視点をいくつか考えて，面白い切り口を探すことがポイントである。これはトライするしかない。

　そして次に，2軸図にマッピングした結果から様々なインサイトを見つけることが重要である。また絞り込みの多様性も必要であり，複数の軸で考えることが非常に重要である。おそらくはこの軸を複数考えて，インサイトすることがなかなかないので，イノベーティブ・シンキングが生まれないのである。このプロセスが地方都市においてイノベーティブでクリエイティブなアイデア発想を生み出すためには，重要なポイントである。

　次に複数回2軸図（2×2）マッピングの中でインサイトするというプロセスを経て，今までにはなかった新しい商品やサービスを見出していく。

ここでも固定概念や先入観を捨てることが重要である。

　そしてその次のステップとして，絞り込まれた地方都市の商品やサービスに対し，その本質的価値を洗い出し，関わる人にとっての体験的ベネフィットが有効かどうかをチェックしていく。商品やサービスを洗い出し，単純にそこから地方都市の中核となるものを探すプロセスに入りがちであるが，その商品やサービスが「人」にとって魅力があるのか，どんなことが得するのか，どんな悩みを解決するのか，何が面白いのか，という本質的価値を見極めて，もう一度検討することが重要である。

(3) 地方都市の価値の発見と絞り込み

　地方都市における商品やサービスを検討し，絞り込んでも，それが関わるであろう「人」にとって価値があるかどうか，これが重要なポイントである。商品やサービスを評価するのは「人」であり，それはその「人」にとって価値があるかどうかが決め手になる。何か得すること，悩みや問題を解決してくれるものがあるかどうかが重要な要素となる。

　地方都市の商品やサービスは，どんな価値があるのか，そしてさらに関わる人にとってどんな体験的ベネフィットがあるのかどうかを，もう一度絞り込んだ商品やサービスから検討する。最初のプロセスの時，前述の(1) 地方都市の商品やサービスの発見の段階で，すでに確認しているが，その価値が正しいのか，あるいは他にもあるのか，ということを確認する上でも，一旦地方都市の価値から価値ある商品やサービスを発見した上で，その商品やサービスを利用し，関わる「人」が感じる体験的ベネフィットは何かというプロセスを経て，本物の地方都市における価値を発見することができる。

　これは1回のみの確認ではなく，商品やサービスの価値は何か，さらに体験的ベネフィットは何かを考え，その上でもう一度その体験的ベネフィットが得られる商品やサービスは何かを検討するというプロセスを繰り返

すことで，本当の地方都市の価値を見つけることができる。

　商品やサービスの絞り込みは，事実に基づいてロジカルに進めていくことが必要であり，またそこを逸脱してはならない。しかし，その次のステップ，地方都市の価値の絞り込みにおいては，商品やサービスをそれが持つ体験的ベネフィットに置き換えて考える必要がある。3節（1）でも述べたように，最終的に地方都市における体験的ベネフィットという視点は，人との関わりの中で生まれ，頭の中で醸成されるものであるから，人の視点，その発想力，また柔軟性が必要となる。その第一段階，商品やサービスから体験的ベネフィットを洗い出すプロセスは，マーケティングにおける製品戦略と同様で，その1つの手法として，図2-3で示すように，プロダクトコーン（マーケティング戦略の上で，商品やサービスの特性，性格を定義する上での「規格」，「体験的ベネフィット」，「エッセンス」の3つのタイプのこと）の「規格」の上でのコンセプトやスペックを洗い出すことから始まる。この地方都市のコンセプトやスペックの洗い出しもロジカルシンキングのもと，漏れず，ダブらず，包括的に洗い出すことが重要である。そして何よりまずは，できるだけ数多く出すことから始める。

　商品やサービスの価値は，一面性ではなく，様々な視点，角度からのア

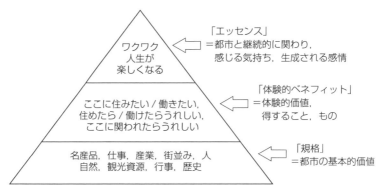

図2-3　地域創生を検討する上でのプロダクトコーン
（筆者作成）

プローチで様々な価値や新たな価値の発見がある。これが非常に重要なプロセスである。固定概念にとらわれずに，如何に自由に発想できるかが問われる。ここから地方都市の新たな価値の創造が生まれる。ただし，事実を脚色しないようにすることが重要である。

　ここから数多く出てきた価値の絞り込みを行う。まず価値をカテゴリーごとに分類し，その価値の持つ強さ（独自性，ウォンツの度合い）から価値を評価し，絞り込みを行う。この拡げては，縮小する（拡大と収束）という思考・検討プロセスをいくども行うことがポイントである。その中で，地方都市の価値が決まってくる。

　ここは，まさしく企業におけるマーケティング戦略そのものである。

(4) 地方都市の体験的ベネフィットの絞り込み

　プロダクトコーンにおける次のステップ，体験的ベネフィットは，人が「得するコト，モノ」である。体験的ベネフィットは地方都市で暮らす，働く，遊ぶ等，時間を消費する中で生まれるもので，どちらかというと形のあるものではなく，時間を消費する中で生まれる気持ちや感情を指す。この部分の理解と解明が地方都市のマーケティング戦略を成功させる重要なポイントである。また人が「体験して得するコト，モノ」は，その人の頭の中に醸成されることを意識することが重要である。そういう意味において，なかなかその核心をとらえることは困難であるが，地方都市の価値からその体験的ベネフィットを一度アウトプットしなければならない。

　次に1つの価値からも複数の体験的ベネフィットが考えられる。ここでどの体験的ベネフィットが実際に地方都市に関わる人において魅力的なのかを検討しながら，複数出て来た体験的ベネフィットを絞り込むことが必要である。発見した価値とその体験的ベネフィットが，地方都市に関わる人によって変わる場合も考えられることであるが，この場合，まずどれか

に絞り込むことが必要で，その絞り込みの基準は，価値と体験的ベネフィットが今までにはない新しいものである（すでに他の地方都市が取り組んでいるものではない）こと，そして十分に受け入れられるアイデアであることというポイントは確認しておく必要がある。それでも複数残った場合は，価値と体験的ベネフィットのインパクトの大きさと，そのアイデア実現に向かうためのスピードや立ちはだかる壁の厚みや高さから優先順位を決めなければいけない。

（5）地方都市に魅力を感じる人の体験的ベネフィットの裏付けと明確化

地方都市における体験的ベネフィットが絞り込まれ明確になったら，もう一度その体験的ベネフィットが関わる人にとって本当に魅力があるかどうかを確認することが重要である。このプロセスがないと，体験的ベネフィットが独りよがりのもので受け入れられないことになる可能性がある。一般企業において，このプロセスがしっかり行われずに失敗するケースがよく見かけられる。地方都市においても同様で，失敗した地方都市の創世戦略は，体験的ベネフィットがその対象となる人に受け入れられずに終わっている。

このようなケースにならないようにするためにも，エッセンスが関わる人にとって本当に魅力があるかどうかを確認する必要がある。

では，どのように確認するのかというと，その手法は様々あるが，まず事前テスト（関わる人の一部に向けて，反応テスト），例えばフォーカスグループインタビュー，関わる人に向けたアンケート調査，エリア全体での定量調査は少なくとも必要である。

また，実施するリサーチそのものの狙いとその中身，質も重要であるが，最も大切なのは，定性調査をどう扱い，判断するかである。具体的には定性調査の結果が事実なのか，解釈なのかをしっかり見極めることが重要である。解釈とは，客観的な方法で検証ができない話し手の判断や信条で，

こういった記述は，本当のこと，一つしかなく客観的なものではないことが多い。複数，存在する主観的なもの，人の意見が入っている場合があるので注意が必要である。例えば「この町の特産物の果物は，どこよりも美味しく，この仕事に関われるのはとても嬉しいという話がよく出る」というような内容である。

　一般的な定性調査でも同じであるが，こういったケースはよく起こるので注意が必要である。こういったプロセスを経て，体験的ベネフィットを明確にしていくことも大切な作業である。

(6) 地方都市のエッセンスの確定

　地方都市における体験的ベネフィットについて，一度策定されても，さらにもう一度見直すことが必要である。では，どうやって違う視点で確認するのか。これについては，関わるあらゆる人を洗い出し，誰がどんな体験的ベネフィットを享受し，またその体験的ベネフィットの対価についても明確にし，全体の流れから，その流れと体験的ベネフィット，そして対価について問題がないか確認することで，スムーズな流れが出来上がるかどうかを判断する。またそこには目に見えない価値も書き出されているかを確認することも重要である。これにより価値の流れ，体験の流れ，その満足の流れを可視化し検証することができる。次にもう一度体験的ベネフィットからその基本的価値を検討／見直すことで整合性が取れているかどうかを見極めることで，精度がアップする。

　この収束と拡大という繰り返しの作業を行うことで，裏付けをとり，プロダクトコーンの上での地方都市の体験的ベネフィットとエッセンスを間違いのないものとしていく。

　このようにして地方都市のエッセンスが決まれば，それを地方都市の魅力として様々な形でプロモーションし，注目を集めるように仕掛けを行い，その目的を達成できるように戦略に基づいて行動するステージに移行する。

● 注
1) フィリップ・コトラー，ケビン・レーン・ケラー『マーケティング・マネジメント基本編』恩藏直人監修・月谷真紀訳，ピアソン・エデュケーション，2008年。

● 参考文献
手塚貞治『戦略フレームワークの思考法』日本実業出版社，2008年。
フィリップ・コトラー『コトラーのマーケティング3.0』朝日新聞出版，2010年。
フィリップ・コトラー，ケビン・レーン・ケラー『マーケティング・マネジメント基本編』恩藏直人監修・月谷真紀訳，ピアソン・エデュケーション，2008年。
マイケル・E.ポーター『競争戦略論〈1〉』ダイヤモンド社，1999年。
マイケル・E.ポーター『競争戦略論〈2〉』ダイヤモンド社，1999年。
森 行生『改訂 シンプルマーケティング』ソフトバンククリエイティブ，2006年。

ウェブサイト
「流山市シティセールスプラン」2011年6月（http://www.city.nagareyama.chiba.jp/_res/projects/default_project/_page_/001/009/954/city.pdf）。
「流山市第Ⅱ期 シティセールスプラン」2016年12月（http://www.city.nagareyama.chiba.jp/_res/projects/default_project/_page_/001/009/954/city-2teisei2.pdf）。

（山本誠一）

地域創生とブランディング・デザイン戦略

1 地域ブランディングの実態と課題

(1) 地域ブランディングの実態

 「地域創生」におけるブランディングの重要性は，昨今ことさらに書籍や専門書などではやし立てられてきている。各地域に入り込んだブランドプロデューサーが，その土地特有の資源（自然・歴史・文化・特産物・産業など）を外部目線から見て強みと弱みをさぐり出し，仕組みを考えデザイナーを投入。モノや意匠を工夫して，WEBでの検索が上位に来るよう対策をほどこし，補助金や助成金で国内外の展示会に出て認知度を高め，来訪者を増やすこと，移住者を増やすことを目標に施策をはかる。地域ブランドとして登録されればさらに成果として評価の対象となる。単発的なイベントを催し（助成金の単位が継続的ではないため），人が集まれば成果が出た，ということになる。受け入れる側の行政の仕事はどこでどんな成果をあげているかを調べて，このプロデューサーに依頼しようという決定を出すこととなる。

 おそらく，多くの地域の自治体が町おこし，地域おこしの施策として行っているのが上記のようなモノであることは想像に難くない。プロデューサー図鑑のような雑誌も発刊され，シリーズのようにもなっている。それほど地域は町おこしに躍起になっているのかと思うと，現実は一部の担当

者や該当企業，町の有力者などだけであったりする。市民が一丸となって取り組んでいる地域はまれであろう。むしろ，町が荒らされると言って背を向ける市民も少なくはない。

　本当に地域が高齢化，少子化，過疎化して町として成り立たなくなっていっているところでは，このようなブランディングに取り組もうという意識も生まれず，衰退の一途を辿り早暁(そうぎょう)，近くの自治体に取り込まれていく。そうなると行政区が大きくなり，管理も行き届かなくなる。スモールタウンでなければ意思決定も行動も迅速になされなくなり，さらに負のサイクルに巻き込まれることになる。

　伝統的工芸品や伝統的産業が残っている地域はまだブランディングには取り掛かりやすい。ギリギリ，職人や伝統工芸士，工場などが残っていると，助成金を申請しやすくなりそのお金を使ってプロデューサーを雇い，なんとか事業をやりましたという形を作りやすくなるからである。細々とでも生き残っている職人たちは常に何かをやらなければ，このままではなくなってしまう。自分の代で終わりになっても，こんなに儲からない，先の見えない仕事を次の世代に継がせることはできないという思いを持ちながら，日々の仕事を黙々とこなす。常時，何かに追われている感覚から離れることができないため，ブランディングの話を持ちかけられると不安ながらもやってみようかという意識になる。しかもお金は行政が出してくれると言う。プロデューサーと名乗る人物がやってきて，かっこいい資料を見せられ，デザイナーがやってきて素敵なロゴやデザインを提示，一緒にやりませんかと誘われる。自分はお金を出す事もないし，作業も自分の時間をさいてやればできるだろう。今，これをやる事で何かのチャンスがつかめるかもしれない。というような流れで職人たちはトライし始める。まず言われることは，あなた方はマーケティングという言葉がわかっていません。消費者（生活者と言う場合もある）が本当に求めているのはこういうことなんですよ，市場に求められる商品が生み出せないから売れないんで

すよと，こんこんと説明され，このデザインで顧客のハートをつかみましょう！と，スケッチやモデルが渡される。職人たちが物作りに取り組んでいる間に，行政ではプロデューサーが地域ブランドの説明を始める。この地域の特性である自然や歴史遺産，伝統的産業などから浮かび上がってくるイメージをこのネーミングとマークに込めました，というようなプレゼンテーションが会議室で行われる。何案か提出された中から，プロデューサーの一押しに決定される（たまに市長などトップの思い入れが強く，意外なものに決まったりもする）。

それからは次の段階に向けて，どんな発表をするのか。国内外のインテリア・雑貨系の展示会から，予算や目標に合わせて候補を選び出し，産地として出展するのか，地域ブランドとして出展するのかを考えていく。そのためにまた会場構成やブースデザインなどのデザイナーが用意される。客寄せのためのイベントや（職人による実演など），トークイベントなどの企画も考えて，どこにどういう人員配置をするかというような運営のまとめを進めていく。当日までに職人は試作をスタートさせるが，なかなか思うように進まず，自分の仕事の時間までさいてやらなければならなくなり，平常の仕事に支障をきたすことになる場合がほとんどであるが，展示会が迫っているため寝る時間も惜しんで製作せざるをえない。作品が仕上がるとデザイナーとの打ち合わせを2回ほどする（予算の関係で，頻繁に打ち合わせもできない）が，決して両者が納得したものができたのかどうか，あやふやな時も出てくる。しかし，そこを上手くまとめ上げらるのが百戦錬磨のデザイナー。自分では叶わないところを逆に職人や作家にアイデアをもらってさらにいいものへと昇華していき，カタログの制作に入る。販促物のデザイナーはまた違ったところから出てくる場合もあれば関わっているデザイナーがデザインを行う場合もある。えてしてそちらの場合が多いかもしれない（これも予算の関係）。展示会にはなんとか試作品も間に合い，前日に会場入り，作品の展示に入る。作品の説明カードやプライスなど，

不足していたり間違っていたりするものが必ず出てくるので，デザイナーはラップトップを持参，当日の朝までには修正したものが整い，初日を迎える。3日間，職人やデザイナー，行政の担当者が張り付き，熱心に説明し，なんとか成果を出さなければ帰れないというような状況である。

(2) 地方創生の課題

　地域ブランディングに取り組んだ地域の仮想例を書き綴ったが，私見ではあるが大概の地域で行われているブランディングの取り組みというものは多かれ少なかれこのような形で進められていると推測される。常に問題になるのは，この先である。地域における商品の販売と卸の担い手がいない。WEBにも不慣れで，どのように拡散していくのか，誰がそれをこの先もずっと管理していけるのか。短期間限定での補助金では，イベントをやって単発で終わってしまうしかなく，商工会などが販売の手段を立案し，継続的に販売していくことを計画していかない限り，本当に成果があったとはいえないであろう。一回限りのお祭り騒ぎで，ブランドが生まれることなどありえない。

　「地域ブランド」に限らず，ブランドというものは一朝一夕にできるものではない。海外ブランドしかり，国内の老舗ブランドしかり。しっかりとした技術に裏付けされたものづくりがあり，それをサポートする販売力があって初めて成り立つものである。そこに必要なものは「継続する意思」である。オンリーワンの強みを生かし，継続し，それを展開し発展させていくことこそブランディングである。地域創生の課題，「地域ブランディング」とはどういうものなのか。

2 地域ブランディングのデザイン概念

(1) ブランディングとデザイン

　伝統的産業を有する地域で，町おこし・産業の活性化の手段としてプロデューサーに依頼し，総合的な戦略立案をスタートしていないところはないのではないかと思うほど，ブームのように地域にデザインプロデューサーが入り込んでいる。それほど伝統的産業は「デザイン」という行為が助けてくれるのではないかという期待に満ち溢れているといっても過言ではないであろう。では，その魔法のごときお助け舟，「デザイン」とは一体何を指すのだろう。

　「ブランディング」という思考の中から生まれてくるもの，それがデザインであると私は考えている。一つの商品をデザインするのも，企業や地域のデザインもすべてはブランディングに含まれる。「ブランディング」とは，ブランドを構築していく行為であり，ある一つの方向性を持ち，明確な違いを感じさせ，その企業やモノ，人などに価値を生む概念を可視化したものである。ブランディングという作業を行うことで，その地域や企業や産地の個性を明確にすることができ，これからなすべき事が見えてくるのである。

　伝統的産業といっても，様々な産業があるため十把一絡げに語ることは困難ではあるが，大まかにはモノづくりであるため似通った部分はあるとしてまとめていくことにする。

　まずは依頼をかける側からの視点として考えると，その地域の現在の状況として売り上げや生産者，販売先などがひとときの半分になってしまったとか跡継ぎがいなくてその代で終わってしまうのが見えているという課題をどう解決していくのかという問題がある。

　その産業の活性化から売り上げアップのため販路を開拓し積極的に打っ

て出るための施策として出てくるのが「地域活性プロデューサー」を選定し，依頼するということだろう。そのために他の地域の同じような現場の成功例を一所懸命検索し，どのような魔法をかけたのか調べ上げる。そして予算や実績を鑑みて，最適だろうと思われる人物を特定し，依頼する。このプロデューサーはプロデュースのみを専門にしている人の場合やデザイナーであったりする。依頼をかける方はその地域をどのように未来に向けて新しい舵取りをしてくれるのかと期待感に満ち溢れている。プロデューサーやデザイナーはそれに呼応し，その期待に応え，あるいは上回るような成果をもたらさなければならない。その責任感は時に大きな重圧を持って彼らにのしかかる。

　デザインに期待されることとはどういったことだろうか。地域の抱える課題としては「産地の疲弊・職人の減少・跡継ぎ不足・情報発信力・競争力・独自性・人口減少・高齢化・財政難など」と，掲げれば切りのないほどの諸問題が噴出する。このような問題をデザインに解決しろというのだからどれほどの魔法力を秘めていると思われているのであろうか。デザインに何ができるのだろうか。

(2) デザイナーと地域との関わり

　「地域の産業を活性化して，まちおこしの起爆剤とする」という考えは，地域産業が衰退し始めた80年代以降から各地方自治体の大きな政策目標となった。主たる産業がはっきりしている，伝統的産業を有しているなどわかりやすい補助の対象が見えている地域は，何らかの事業を企てて，計画的に育て，回復していくことが可能であった。そうした事業に関わって，デザインで産業を活性化するというイベントにデザイナーが駆り出されることも多くなってきて，プロデューサー的な役割まで担うことも多々あった。その地域に住んでいるデザイナーというより，地域おこしに駆り出されているプロデューサーとのつながりが強かったり，著名なデザイナーだ

からお願いしたいという場合がほとんどであったと言っていいだろう。

　一つの事業で携わるのは、だいたいが単年度で、多くて3年。ほぼ継続していくことはなく結果を検証するまでに事業は終わる。デザイナーとしては、地域活性化事業に参画し、こういうデザインをして展示会にも出展、販促物までも手がけたという実績は残る。しかしそれで本当に地域側に何か利益は出たのだろうか。90年代はほとんどの地域産業の活性化というものはこのような実態であったが、2000年代から徐々に変化が見られるようになってきた。いくつもの失敗例が、行政も企業もこのままでは何も変わっていかないと気付き始めた。助成金を出してぬるま湯の中で事業をしたとしても、根本的な解決に繋がっていかない。そこからの方針は、「自力の底上げ」をテーマとしたものにならざるをえない。

　自分たちが変わらなければ、未来に繋がっていかない。そのために必要なものの重要な要素が「デザイン」であることが、ようやく理解されはじめた。

3　福井県鯖江市河和田地区の事例

(1) 鯖江市の取り組み

　ここで鯖江市の取り組みを事例として紹介したいと思う。

　1995年、西沢省三鯖江市長が世界体操を鯖江に招致した。サンドーム福井という立派な施設を建て、アジア初開催であると同時に初の地方都市開催。メガネの町としては少しの認知度はあったまちであったが、スポーツというもう一つの軸で盛り上げていこうという機運に、まち全体が包み込まれ、その時は行政も市民も一つとなって大きな事業をやり遂げた。この時の職員はそれから20年以上経って要職につくようになった。この事業が職員を大きく成長させ、イベントに強い体質を作り上げた。これが後に大きく響いてくる。その後も産業を活性化させるのはデザインと開発力であ

るとし，市の主力の産業であるメガネや漆器の開発に必要とされる人材を育てることにシフトし始める。

　その中から88年にスタートしたのが「SSID 鯖江市立インテリジェントデザイン講座」[1]である。その趣旨は「デザインは，急激な変化を続ける社会において重要な役割を担っている。鯖江市はこの認識に基づき，高密度情報時代のデザイン学習のために「市立インテリジェントデザイン講座」を設置している。本講座は，デザインの基礎的概論，企画計画手法としての考察手法の学習，およびデザイン表現のためのデザインワーク，さらにメディアインテグレーションの具体的なデザインメソッドと企業戦略，その基礎的学習という両面のカリキュラムに基づく講座である。そして即戦力となるデザイナーおよびデザインマネージャー，デザインプロデューサーの育成，再教育をめざしている。」とある。この取り組みは17年間続けられ，鯖江だけにとどまらず福井県全体，さらには県外にまでその卒業生が散らばり，産業の活性化の底支えとなってきている。プロデューサーは福井県出身のデザイナーであり，医学博士の川崎和男氏。この取り組みは2004年にグッドデザインアワードも受賞している。

　福井県鯖江市は人口約6万9000人，冬は雪に覆われる，典型的な地方都市である。しかし，メガネを中心に繊維，漆器と産業が盛んで人口も増加を続けている。移住してくる若者も，この10年くらいで67名ほどと，他の地方自治体の注目を集めるほどになっている。これは，先に述べたSSIDの講座からこの地に興味を持ち，他県から参加していたメンバーが住み着いたりしていることもあるが，もう一つのイベントも影響してる。それは鯖江市にある，人口4400人の漆器の町「河和田地区」で行われている，ある活動である。

(2)「河和田アートキャンプ」

　この活動は2004年の福井豪雨の年に災害支援活動として河和田地区に入

った若者たちが，地域の人たちと交流する中で過疎化の問題や伝統産業の沈滞など，地方地域の文化継承が困難であるといった現実を知らされ，複数の要因を背景に，大学で学んでいる「アート」や「デザイン」という分野には何ができるのかという観点に立つことではじまった。

　福井豪雨直後の2004年秋，アートによる心の支援として，子どもたちを元気で笑顔にするための企画を実施。そこから13年間，1カ月間河和田に滞在し，創作活動を地域の人たちとの交流を交えながら行い，一般的なアートイベントとは違う，独自の道を歩んだ。

　現在，河和田に移住し「TSUGI」というデザイン事務所を持ち，地元の企業のデザインやイベントの主催者として大いに注目を集めている新山直広氏は2009年に大阪から移住した。新山氏もアートキャンプに参加し，河和田の町に惚れ込み，移住を決意した一人である。当初は鯖江市の臨時職員として3年間，企業を回って実態調査する仕事につき，企業の持つ課題を身をもって知る。元々はデザイン専攻ではなく建築の勉強をしていたが，このあたりからやはりデザインがなければ地域振興はできないと思い至り，デザイン事務所を河和田に持つことを決意した。地元に住み着いて，地元の企業のデザイン支援をすることこそ，今求められていることだと確信する。新山氏は自らを，インハウスデザイナーになぞらえ，「インタウンデザイナー」と呼ぶ。

(3)「RENEW」

　新山氏が2015年からスタートした「RENEW」というイベントがある。これは体感型マーケットとして，普段一般には閉ざされている工房を作り手たちが一同に開くイベントである。職人たちの手仕事を間近で見ることができるのはもちろん，ワークショップへの参加や産品の購入も可能。県内外から多くの人を集める。2017年には中川政七商店との共同開催も実現し，1年目1200人，2年目2000人だった来場者をなんと4万2000人にまで

写真3-1　メイン会場風景

(筆者撮影)

　一気に集客を高めた。河和田は小さな町なので，案内の地図を持ってあちらこちらと回遊しながらそれぞれの工房や工場，ショールームを回ることができる。普段，静かで人通りのない町が，一気に賑やかになる。それぞれの会場の前にはフラッグが立てられ，白と赤でデザインされたグラフィックが余計に賑やかさを演出する。都市のイベントにはない，のんびりとした田舎の町の景色や迎え入れる人たちの温かさや福井訛りの言葉が，素朴な里山の町の印象をさらに強く残す。そうして訪れた人たちはまたこの町を訪れたいと思う。

　河和田地区は鯖江市の中でも，少し変わった経歴があり，漆器などの職人や行商人が職を求めて住み着いた町であり，移住者が多い町だった。これが後にあとから来た人も受け入れやすい環境を生むことになった。市としても定住促進として補助金を出したりして，受け入れと保護に力を入れている。過疎化が進む自治体が多い中で，ずっと人口が増え続けている鯖江市の一つの要因でもある。温泉のある宿泊施設があり遠くから来た人も泊まることができる。福井は越前ガニで知られるように海産物が豊富で，銘酒もある。

鯖江からさらに足を伸ばせば，芦原温泉や加賀にも通じる。観光の町としての素材は充分に揃っている。さらに20 km 圏内に伝統産業（越前漆器，メガネ，越前和紙，越前打刃物，越前タンス，越前焼，竹工芸など）が集積している珍しい環境があり，この活動をさらに広範囲に広げていくことも将来的に可能である。2017年はクラフトツーリズムとして実際に越前和紙と越前打刃物，越前タンスまで開催エリアを拡大，RENEW 圏内を無料シャトルバスやレンタサイクルを用意し，参加者の移動を促進。アプリをダウンロードすると工房やショップでオリジナルの「旅印」を獲得することができる。スタンプラリーの進化版だ。こうするとショップや工房のスタッフがハンコを押すという手間がかからない。この，手間がかからないというのも少人数の工房などが参加しやすくなる要因でもある。そうして集めた「旅印」の数によって，いろんなプレゼントがもらえる。実際，80個以上集めればもらえる，フレームを漆塗りにした tokyobike と漆林堂とのコラボ自転車を獲得した女性が現れた。それによって，ほとんどの参加店舗を3日間のうちに回ったという実例がうまれた事が主催者にとってはとても大きな実績である。もちろんそのためにわかりやすい見どころ情報を得られるアプリを開発したり，情報タブロイド紙を作成するなど，大都市のイベントでさえなかなか出来ないような案内の充実をはかっている。デザイナーなしでは到底かなわない仕業である。

(4)「よそ者・若者・馬鹿者」

しかし，河和田という町が移住者に開放的な土壌とはいえやはり地元の人たちとの交流は簡単に進むものではなく，異業種や同業者同士の軋轢（あつれき）など外からやってきたばかりの若者にまとめきれるものではない。地域創生に必要な要素としてよく言われる，「よそ物・若者・馬鹿者」の「馬鹿者」が必要なのだ。「馬鹿者」とは呆けたものの意味ではなく，まさに馬や鹿のように走り回って地元をまとめていける人物という意味なのだ。河和田

にはまさにこの「馬鹿者」役を引き受けた人物がいた。有限会社谷口眼鏡の代表取締役，谷口康彦氏である。谷口氏は地区会長であった時に，「RENEW」の設立母体となる「河和田とびら・9人」を作った。そのメンバーの新山氏は，市の臨時職員時代に痛切に感じた漆器産業の衰退をなんとか打開したいと，オープンファクトリーという事業を強く力説し，そこから「RENEW」がスタートした。漆器の産地として小さな工房が集積している場所で，そのようなイベントを開催すると言ってもなかなか乗ってくる人はいない。毎日ただ黙々と漆器と向かい合っている人たちに工房を解放して他人に見せろと，無茶なことを押し付ける訳である。そんな人たちをコツコツと説得して回る，大変な役回りだ。谷口氏いわく，他業種だったから逆にやれたとのこと。さらに，行政も20年前の体操イベントで鍛えられ，育った職員たちも大いに力になった。そういう人たちが地元をまとめていけたから，新山氏はデザインやプロデュースに専念できる。そうして中川政七商店とのコラボも実現して，4万人以上もの集客ができるイベントになった。地元の人もこんなに沢山の人が歩く我が町を初めて見たという。

(5) イベントの本当の目的とは

　このイベントがきっかけとなり，これに参加したいと思う人や工房，企業が増えていく。単に一つのイベントが行われたという事ではなく，それがある事でそれに向かって毎年，自分や自社が何らかの開発をする，販売先が増える，直接消費者と繋がったりするなど，今まで地元の卸問屋しか見て来なかった会社や職人が使ってくれる人，自分の作ったものを買ってくれる人を直に感じながらものづくりをするようになったり，地域の企業や人にもたらす精神的・経済的な効果は単に数字だけでは表しきれないものがある。この町を訪れたことによって，気に入り移住してくる人も現れる。実際，河和田の空き家情報もこのイベントの一つとして公開している。

とても面白い試みである。

(6) デザインプロデュース

中川政七商店は奈良に本社を置き，和の小物雑貨を中心として卸・販売をしている会社で，近年は伝統的産業の産地とコラボレーションしながら地域おこしのブランディングコンサルタントも手がけている。「大日本市」という，自社の商品の大即売会を各地域で開催し，まちおこしイベントの集客の目玉となったりしている。RENEWメンバーの1社である漆琳堂が自社開発した商品を中川政七商店の商品としてブランドを持って販売しており，そのつながりから今回のコラボレーションが実現した。

昨今の地域創生で重要なポイントとして，助成金に頼らず，独自の企画と集客力・販売力を持ってブランディングしていく傾向がある。今までのように，地域創生を得意とする助成金を引っ張って来れる，いわゆる先生と呼ばれる人物に依存しない。そこで重要なことはブランドプロデュースや，販売に繋げていけるルートを持った，先生ではなく「デザイナー」である。デザインの定義は色々あるが，単にデザインという作業だけを指すのではなく全体を把握し，物作りから販売，販促，広報まで幅広く全体をデザインするという意味でのデザイナーである。TSUGIデザイン事務所の3つの柱は，① デザインワーク，② 商品企画・製造，そして ③ 自ら販売するという，まさにデザインプロデュースの3要素を，身をもって活動を続けている。

4 地方創生ブランディングの今後として

鯖江市，河和田地区のこれからの課題について，移住者が増えて来ているが，その移住者だけで集まり，群れてしまう危うさがあると谷口氏は危惧する。いかに地元の人たちと交流していけるようにしていけるか，馴染

んでいけるかという空気作りが大事であり，移住者と地元の人との結婚などが増えていくことが望ましい。それが本当の人口増加であり，過疎化を乗り越えるものである。その一環として，RENEWのようなイベントは，地域が一つになり同じ目標に向かって活動する中で一体感が生まれるというとても大切な要素である。また，地元の企業がインタウンデザイナーにしっかりと仕事を出し，共に成長していくこと。これも大きなポイントであり，その実績の積み重ねが地元にクリエイティビティの意識を根付かせていくことに繋がるのである。

　鯖江市河和田地区の事例をレポートすることにより，地域創生におけるデザインの役割の重要性がはっきりと確認できた。地域ブランディングにデザインが欠かせない要素であり，デザイナーの介在がとても大きな効果をもたらすということ。地域に移り住み，あるいは現在住んでいる地域の活性化に貢献できる，「インタウンデザイナー」の重要性が，これからは大いに注目されることになるであろう。

取材協力（順不同・敬称略）
　新山直広：TSUGIデザイン代表
　谷口康彦：有限会社谷口眼鏡代表取締役
　齋藤修一：鯖江市教育委員会参事
　内田　徹：株式会社漆林堂専務取締役
　酒井義夫：工房ろくろ舎代表

● 注
1）GOOD DESIGN AWARD（http://www.g-mark.org/award/describe/30671）。

● 参考文献
アル・ライズ，ローラ・ライズ『ブランディング22の法則』片平秀貴監訳，東急エージェンシー出版部，1999年。

坂井直樹『デザインのたくらみ』トランスワールドジャパン，2006年。
「新日本様式」協議会編『新日本様式への挑戦』角川学芸出版，2009年。
中川 淳『経営とデザインの幸せな関係』日経BP社，2016年。
原 研哉『デザインのデザイン』岩波書店，2003年。

ウェブサイト
河和田アートキャンプ（http://aai-b.jp/ac/）。
GOOD DESIGN AWARD（http://www.g-mark.org/award/describe/30671）。
暮らしを紡ぐまち河和田（http://kawada-t.jp）。
鯖江市（https://www.city.sabae.fukui.jp）。
RENEW×大日本市鯖江博覧会（http://renew-fukui.com）。

（伊藤浩平）

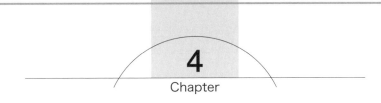

地域創生と地域居住戦略

1 地域居住学の概念と枠組み

(1) 地域居住学とは

「地域居住学」は、人々の地域における暮らしと、それとの関係で人々が暮らす地域空間のあり方を対象とする学問である。漠然と「地域」を対象にしているのではない。人々が地域で暮らすために何が必要なのかを考え、そのことを通じて地域を再評価し、いかに住み心地がよく、住み続けることのできるまちを作り上げていくかを考える。人が地域で暮らすために何が必要かを考える学問であるため、人々の生活の中で抱える個人レベルの問題を生活の場である地域空間との関係から考察する視点が求められる。つまり、人々の暮らしそのもの、地域に存在する資源、生活を支える制度、地域空間における住民同士のつながりや共同性のあり方など、地域での生活にかかわる「ひと・もの・こと」について、人々が考える「安心して住みたい、住み続けたい」を実現する地域にするために、考察するのが「地域居住学」である。

現在の地域における共同性の衰退・崩壊によって人々の暮らしが成り立ちにくくなっている現状において、新たな共同性を地域で形成することが必要とされている。

しかし、新たな共同性を形成するためには、居住地域における個々の生

活の充実，満足度，その地域への愛着がなければ個から集団への参加は望めない。近年の地域における人々のつながりが再認識される中，個人がいかに地域に愛着と誇りをもって暮らすことができるか。新たな共同性の形成には，「住みたい，住み続けたい」と感じられる地域であることが必要である。

(2) 地域コミュニティとは

社会学におけるコミュニティの定義は，2つの意味があるとされている（表4-1）。1つ目は，「暮らしの空間，生活の場所」であり，つまり地域・近隣・居住地といった「地域性」を意味する。2つ目は，「活動の主体，地域住民」のこと，つまり社会的共同生活，信条や関心を共有する人がつくる関係性のことであり「共同性」を意味する。単に人が同じ地域空間に集まることだけではコミュニティとは呼ばず，そこに共同性というもう一つの契機が存在する。よって地域コミュニティとは，空間を対象とした「地域性」と人間を対象とした「共同性」の両方を内包する。つまり，社会的共同生活を営む暮らしの空間と，暮らしの空間の中で社会的共同生活を営み，活動する人々の両方を表している。

(3) 地域コミュニティの変化・変遷

日本の生活環境，地域コミュニティの変化・変遷について，高度経済成長期（昭和30年以降1955〜1973年）に農山村部から若年層が大量に都市に流入し，様々な変化をもたらした。第一次産業から第二次産業へ産業構造の変化にともない人々の働き方の変化，都市部への急激な人口集中による住

表4-1　コミュニティの定義

Community＝地域
① 地域性……暮らしの空間，生活の場所⇒地域・近隣・居住地→空間が対象
② 共同性……活動の主体，地域住民⇒社会的共同生活，信条や関心を共有する→人間が対象

宅不足の解消を目的とした住宅供給のための郊外部のニュータウン建設による都市の延伸と拡大，核家族の増加による世帯の家族人数の減少や性別役割分業の進行など，社会や地域に大きな変化をもたらした。また社会と地域の変化は地域コミュニティにも大きな変化をもたらした。都市部やニュータウン，集合住宅の居住者が増加することにより，あらたなライフスタイルを手に入れた居住者は，以前の町内会，自治会などの地域のつながりを懸念し，家族中心の生活になっていった。

　現在，ひとり暮らし世帯，共働き世帯が増加し，高度経済成長期に一般的とされた夫婦と子ども二人で構成される「標準世帯」という形は標準ではなくなった。またお盆や正月に帰省する「ふるさと」を持たない人々が増加している。

　一方地方都市においては，大都市への若年層の流入から過疎化，高齢化，人口減少が取り上げられてきた。大都市における地域コミュニティの希薄化が取り上げられる以前から，地方都市における地域コミュニティの衰退は深刻なものであった。

　地域でのつながりを敬遠してきた地域コミュニティであるが，各地で地域でのつながりの重要性が叫ばれるようになった。例えば，大阪府の千里ニュータウンは1962（昭和37）年にまちびらきし，2012（平成24）年に50周年を迎えた。近年初期の入居世帯が高齢化し，子ども世帯の独立など核家族化の影響が反映し，一人暮らし高齢世帯のまちとなった。これらの人の安否確認等生活を支える目的で地域住民による見守り活動が行われるなど，地域住民による人々のつながりの重要性が再認識されている。同様に，泉北ニュータウンにおいては，二代目世代や新住民による新たな地域コミュニティの形成，ニュータウン内での活動拠点づくりが行われている。

　近年，地域住民どうしのつながりは，以前にもましてその重要性が認識されている。阪神淡路大震災，東日本大震災の経験から，人と人のつながりが見直され，再びつながりを持とうとする活動が各地で活発化している。

(4) 地域コミュニティ活動の担い手

これまでの地域コミュニティ活動といえば，町内会，自治会などの地縁組織による活動であり，「エリア型」と言われている。現在，都市部のみならず様々な地域での地域活動は地縁組織を超えたボランティアやNPOなどが地域活動の担い手となっており，その地域コミュニティの抱える問題解決に特化した活動を行う「テーマ型」の活動に参加する人々が増加している。

大都市周辺の地域再生で近年活発に活動されているのが，地縁組織＋住民によるテーマ型活動であり，近年各地でこのような取り組みが行われている。また，国土交通省が勧めている「小さな拠点づくり」においても，地域住民だけでなくNPO法人，まちづくりコンサルタントなどの専門家とともに地域再生の活動を行うことを推進している。要するに，地域住民だけでの地域コミュニティ，まちづくり活動ではなく，外部者の介入による地域コミュニティの運営や魅力づくりを行うことが必要であるとしている。

NPO法人，まちづくりコンサルタントなどの専門家といった中間的役割となる人が，その地域に縁もゆかりもなくてもその地域に魅力を感じ移住し，その後定住するのではないかと考える。外部からの目でその地域に魅力を感じ移住した人々を地域コミュニティにいち早く取り込み，地域活動の担い手の一員として参加できる仕組みづくりが必要であり，各地で取り組まれるようになってきている。

2 地域居住学の視点からみた地域創生への戦略的視点

地域居住学の視点から地域創生についてみたとき，どのような方策があるのか。ここでは，定住と移住の2つの視点で考察する。

(1) 定　住

　定住人口をどのようにして増加させるかについて議論がなされ，各地で取り組みが行われている。超高齢化，人口減少の一途をたどる日本において，地方都市の人口流出に対して，どのように立ち向かうのか。

　人口増加が望めない中，現在住民の地域への安心，愛着，誇り，つまり「住みたい，住み続けたい」という思いや「わが町自慢」ができる地域であることが，人口流出に歯止めをかけるのではないか。

　これまで，人々は人口集中地区である都市的空間に魅力を感じてきた。都市に存在するような物的資源が少ない地方都市，農山村地の住民は，自らの居住環境を都市空間と比較し「都市にないもの」ばかりに注目していた。

　しかし，熊本県水俣市では「地元学」という手法を用いて地域住民が「あるもの探し」を行うことで地域空間を見直し，魅力を再発見することによって，地域住民による地域再生が行われている。「あるもの探し」で地域に存在する人的・物的資源を発見し，都市環境では得られない価値を地域住民が見出し，またその地で暮らし続けることで，その地域で育った若者や現役世代の都市への人口流出を抑制できるのではないか。特に仕事，結婚，子育てのビジョンが描ける地域像を示すことができれば，一旦その地域を離れた若者，現役世代が帰郷し居住するだろう。

　そして，農山村地域においても都市地域と同様，これまで懸念されてきた隣近所の付き合いを現在のライフスタイルに合わせた付き合い方にすることにより，人と人，人と地域がつながり，「住みたい，住み続けたい」という気持ちを育むのではないか。若者や現役世代の思いを受け入れる定住の方策が必要である。

(2) 移　住

　2014年の「まち，ひと，しごと地方創生法」の制定により，国の基本視

点の一つ目には,「若い世代の就労・結婚・子育ての希望の実現」として,「人口減少を克服するため,若い世代が安心して働き,希望通り結婚・出産・子育てをすることができる社会経済環境を実現する。」としている。

2017年8月22日の新聞報道で,過疎市町村において現役世帯の転入超があるという[1)]。

彼らにとっての地方都市への移住の魅力とは何か。その一つが「子育て環境重視」とのことである。これらの市町村は「仕事」と「住居」を提供し,現役世代を呼び込んでいる。地方都市は,大都市だけが人々に魅力を感じさせる空間ではなく,地方都市で生活することに魅力を感じている現役世帯が増加していることを察知し,移住策を提供していくことで,若者世代が望む暮らし方や生活を創造することができるのではないか。つまり旧住民が「住みたい,住み続けたい」まちであることを自負しつつ,新住民のライフスタイルや価値観を受け入れ,つかず離れずの関係で地域コミュニティを形成していくことで,都市生活では得られない地方都市での地域コミュニティでの暮らし方になるだろう。

また,この法律では人口急減や超高齢化という課題に対する解決対策の一つとして,「地域社会を担う人材の確保」があげられている。

しかし,自治体による移住・子育て環境支援だけでは,若者世帯の定住につながるとは限らない。移住したまちに地域の魅力がなければ「住みたい,住み続けたい」につながらないだろう。

若者,現役世代が「住みたい,住み続けたい」まちを創生するためには,大都市にはない魅力に価値を見いだせるアプローチが必要である。都市生活では得られない地方都市の魅力,豊かな自然環境,スローライフ,食の安全とともに,田舎にも仕事,子どもを育てる環境,地域の見守りの目,子どもの教育,週末の余暇など,都市では得られない魅力を伝えていくことで,若者世代の移住,定住を促すことができるのではないか。

3 地域居住学からみた地域創生の先進事例

(1) 地域の魅力の発見「地元学」（熊本県水俣市）

　熊本県水俣市は，熊本県の最南端に位置し，人口約2万5000人（2017年9月末）の都市である。かつて水俣病で苦しんだ経験がある水俣市は，水俣病問題の解決と水俣病で疲弊した町の再生を環境からはじめようと，水俣病患者とともに取り組みが行われた。その経験から水俣病被害者や地域住民による活動の成果もあり，2004年と2005年の「日本の環境首都コンテスト」で総合一位の評価を受け，2008年には環境モデル都市に認定されている。

　1991年7月から熊本県と水俣市，市民が一体となって地域での取り組みが始まった。それが，水俣市で始まった「地元学」である。

　「地元学」は，元水俣市役所職員吉本哲郎氏による取り組みである[2]。吉本氏は水俣市民でもある。吉本氏による地元学のコンセプトは，「あるもの探し」である。大都市にくらべてありがちな田舎の暮らしの「ないもの」を列挙するのではなく，地域に存在する「あるもの」を地域住民が探し出す作業をしていくことで，地域住民の会話と交流を図り，地域再生を図っていくものである。

　水俣市における「地元学」は，地域住民が活躍し，生活そのものを博物館として公開する「村丸ごと生活博物館〜みなまたの元気な村づくり〜」となった[3]。

　「元気な村づくり」は，自然と生産がつながり，常に新しいものをつくり出す力のある村づくりをまちと村の交流をはかりながら進めるものである。また「元気な村」とは，「人」「地域」「経済」の3つの元気がそろう村としている。「人が元気な村」とは，「精神と身体が元気／愚痴をいわない」，地域の自然が元気とは「海・山・川が元気」，「経済が元気」とは，「貨幣経

済，共同する経済，自給自足する経済が元気」としている。

「元気な村づくり」のために水俣市は，農山漁村地域に対し，住む人々と地域が元気になる生活の支援を行おうと2001（平成13）年9月21日に「水俣市元気村づくり条例」を制定した。この条例に基づき，地域の自然・産業・生活文化を守り育てる地区を「村丸ごと生活博物館」として，水俣市が指定している。

「村丸ごと生活博物館」とは，「地域固有の風土と暮らしの醸し出す佇まいを風格あるものにし，地域社会の発展に寄与するため，地区の自然や生活文化遺産，産業遺産などを確認し，保存，育成，修復を図るとともに，生活環境の保全，再生，創造を行っている地区で，市長が指定した地区」としている。現在4地区，頭石（かぐめいし）地区，久木野（くぎの）地区，大川（おおかわ）地区，越小場（こしこば）地区が指定を受けている。

そして，「村丸ごと生活博物館」には，水俣市が認定した「生活学芸員」と「生活職人」がいる。「生活学芸員」とは，村の住民であり，村の自然や生活文化，産業などを調査したり研究したりする人である。認定を受けて地域の案内・説明役をつとめる。「ここには何もない」と言わないことが大きな条件であり，そのために，地域の「あるもの探し」を行っている。「生活学芸員」は4地区で約40人が指定されている。

また，「生活職人」は，生活の中で生かされている生活技術を持ってる人である。例えば漬物・団子・野菜づくり，木工，石工など様々な職人が存在する。

「村丸ごと生活博物館」に指定されている頭石地区は，以前は市内の人も知らない秘境の地だった。目に見える家々や田畑，見えない生活の知恵，知恵や言い伝え，そこに住む人々など，村全体を屋根のない博物館に見立て，「生活学芸員」である住民が自ら訪問者を案内する。国内外から5000人の観光客を取り込んだ。

頭石地区において，夫婦で「生活学芸員」「生活職人」として活動をして

いる小島氏宅では，地区での活動のほか，自宅の蔵を改装し田舎料理を提供している。そこで提供される料理は，自宅で養殖されたにじます，畑で栽培される野菜を使用している。また，自宅前の川での川釣り体験，庭でのバーベキューや流しそうめんなど，都市生活ではできないことが体験でき，まさに「田舎」に帰省したようである。

「村丸ごと生活博物館」の取り組みは，住民の意識や行動に変化をもた

写真4-1　村丸ごと生活博物館（頭石地区）
（筆者撮影）

写真4-2　生活学芸員，小島氏が営む自宅兼店舗「蔵」
（筆者撮影）

写真4-3　「蔵」の外観
（筆者撮影）

写真4-4　「蔵」で提供される郷土料理
（筆者撮影）

らした。まず，住民自ら地域の魅力を知ることができた。そして住民は，自分たちの取り組みや生活環境のよさを都会の人から教えてもらったと言う。国内だけでなく海外からの訪問客も訪れるようになり，指定地区の住民は，率先してゴミ拾いをしたり草払いをしたりするなど，村の景観を意識するようになり，地域が化粧をしだすようになったともいわれている。なにより，住んでいる人が元気になったという。この取り組みは，普段の

生活をしながら，その生活や文化を宝として，地域の元気を引き出すことが高く評価されている．

　村の生活の体験，食事を興ずることにより，帰省する故郷を持たない都市住民にとって，「村丸ごと生活博物館」での体験は，自然の恵みを享受できる貴重な空間であり，「また訪れたい」場所として，また移住先の居住地としての魅力を感じられる空間となる．実際に，水俣の魅力に引き寄せられ，近畿地方の大学卒業後水俣市に移住し，結婚して定住する若者がいる．

　「地元学」と「村丸ごと博物館」の取り組みは，住民の自信と誇りを生み出した．また「地元学」の取り組みは，吉本氏に感銘をうけた自治体職員，地域住民により全国各地で展開されている．「地元学」の取り組みは，地域への愛着と「住みたい，住み続けたい」という思い入れ，そして後世に受け継がれるまちとして，存続するであろう．

(2) 公立大学開学による地域との連携と地域コミュニティ（京都府福知山市）

　近年，地方都市の私立大学が自治体運営の公立大学となるケースがある．[5]
京都府福知山市に2016年4月に誕生した福知山公立大学もその1つである．

　京都府福知山市は，京都府の北西部に位置し，由良川流域の福知山盆地がひらけ，人口約7万9000人（2017年10月末現在）の都市である．

　かつての私立大学「成美大学」が2016年4月公立大学「福知山公立大学」としてスタートした．福知山公立大学は北近畿（京都府北部・兵庫県北部）で唯一の四年制大学である．成美大学の閉学が決定した際，福知山市が市内に大学のなくなることへの危機感を感じ，大学を残したいという思いから公立大学開学への動きとなった．当初は，市議会や市民からは公立大学開学に反対であったが，今は応援されているとのことである．公立大学の開学は，設置者の変更であり，成美大学時代の学生，カリキュラムを

受け入れてのスタートであった。

　大学の基本理念は「市民の大学，地域のための大学，世界とともに歩む大学」である。2015（平成27）年3月「教育のまち福知山「学びの拠点」基本構想」では，福知山市は「「地方創生」「ふるさと再生」に向け，若者定住のための様々な施策を重点的に取り組むこととする」としている。[6]

　大学は一学部二学科編成で，地域経営学部定員120名のうち，地域経営学科定員95名，医療福祉経営学科定員25名である。特色として，日本初となるフィールド研究重視の実践教育システムを採用し，地域に深くかかわる実践教育を徹底するため，「実践教育DAY」と大学を挙げて地域に出向く「積極的地域協働型研究」を展開している。これは一週間のうち1日を地域でのフィールドワークとして学外に教員と学生が出かけるカリキュラムである。

　志願者および入学者の動向は，2017年度教員23名，募集定員120名に対し，全国46都道府県からの志願者は926名，一般入試試験の倍率11.6倍で，国公立大学で全国5位となっている。入学者数は全国34都道府県より146名となり，京都府及び兵庫県合計の地元率は17.8％で，現在のところ地元密着型というより全国から若者を引き込む傾向である。しかし，入学者は人口5万人以下の地域から入学し，ほとんどの学生は福知山市内に下宿している。

　公立大学が誕生したことによる効果として，一つ目に，大学と市役所とのつながりができたことである。2つ目は，市議会と大学との関係性が保たれ，議会が身近な存在となったことである。大学の教員が議員の研修会の講師を務めたり，学生が議会を訪問したり，また議員が大学で講義を行っている。3つ目に，市民の反応が変わったことである。地元新聞に週2～3回大学の活動が掲載されるため，学生が学外で活動していることを市民が認知している。

　そして一番の変化は，学生がキャンパスからまちに出かけて活動してい

る姿が見受けられるようになり，市内で日中若者の姿がみられるようになったことである。成美大学時代では1学年30名程度の学生数であったが，学生数が増えたこと，フィールドワークによる地域での学習もあり，まちの雰囲気が変わったとのことである。

また，大学教員の研究として，地方創生加速化交付金による研究がされている。その一つに，学生が関わる多世代交流型住民活動の可能性を探る研究がある[7]。ここでは，学生が地域に住むカタチとして「高齢者宅同居」と「空き家活用シェアハウス」の可能性を探っている。福知山市内のワンルームマンションの平均家賃は，4万円代前半と高く，学生にとって負担となり，アルバイトをせざるを得ない。実際に学生のアルバイト率が全国の1.5倍となっている。「高齢者宅居住」や「空き家活用シェアハウス」が促進されれば，次世代に向けた学生の地域居住のカタチとなるだろう。

福知山公立大学の開学は，地方都市での若者の「学び」を創出し，それとともに若者の移住と活動による行政や地域コミュニティの活性化がうかがえる。また，入学者は北近畿以外の出身者が多くを占めているが，彼らが人口5万人以下の都市出身者であることから，福知山市での学びが福知山市への移住・定住となるか，出身地域での地域創生のリーダー的存在になるか，学生の今後の活躍に期待が寄せられる。

(3) 神山プロジェクト（徳島県神山町）

徳島県名西郡神山町は，徳島県東部の西名郡に属し，徳島市役所と町役場は車で約45分の位置にある。町域の中心部を東西に横断する鮎喰川が流れ，また超面積の86％が300〜1500ｍ級の山々がそびえる森林地域である[8]。人口は2017（平成28）年度5577人であり，神山町で生まれ育った若者は高校進学や就職を機会に都市部に移動する，これまでの日本の農山村地域の姿と同じ人口移動がある。しかし，平成の大合併では，合併をせず自立の道を選んだ。そして2004（平成16）年，四国で初めて全戸に光ファイバーを

整備し，町内の様子が変わったという[9]。

　ITのまちと注目を集めている神山町は，若いクリエーターや企業家が集う。また若い世代の新たな移住生活の形として注目を集めており，視察者が絶えない町となっている。神山町の魅力とは何か。

　1999年アーティスト・イン・レジデンスという地元住民の活動として取り組みが開始された[10]。アーティスト・イン・レジデンスは，国内外のアーティストを呼び，神山町滞在期間中に作品を創作してもらうものである。アーティスト・イン・レジデンスのアーティスト滞在支援だけでなく，神山町への移住支援や空き家再生，人材育成，道路清掃を行うボランティア活動を日本で初めて導入した「アドプト・プログラム」を行っているNPO法人グリーンバレーの地道な活動実績がある。NPO法人グリーンバレーは2004年設立された。

　これらの取り組みの前身は，神山町に居住する大南信也氏を筆頭とする小学校のPTA活動にあった。

　1990年4月神嶺小学校のPTAの役員を務めていた大南氏が小学校の廊下に飾ってある青い目の人形に気づいた。青い目のアリスは，1927年に日米親善のために贈られた人形だったが，戦時中にその多くが壊されて，現存するものが少なかった。残っているものの1つが神山町の小学校にあるということが分かり，「祖国であるアメリカに里帰りさせたい」と願う地域の有志の集いを行った。その後，捜索の結果，無事に贈り主の手元に届けることができた。この一団の動きが原動力となり，その当時の仲間がグリーンバレーの設立メンバーになった。目的だけでなく，経験や驚き，喜びを共有する仲間とともに，その後のプロジェクトを進めることができたのが，神山町の発展の大きな理由になる。

　この経験から，活動にかかわった有志による「神山町国際交流協会」が設立され，同時期にALT（Assistant Language Teacher）が始まり，地域で外国人の受け入れを自主的に開始し，「国際文化村委員会」を設立した。

これが，グリーンバレーの前身となる。

そこから，毎年3名のアーティストを神山町に招待する「アーティスト・イン・レジデンス」という制度がスタートするが，神谷町で活動したアーティストが毎年1組ずつくらいは神山町に移住するようになった。

これを契機に，引っ越しの手伝いや家探しなどを行ううちに，徐々に大南氏を含め地元で活動する住民に移住支援のノウハウが蓄積されていく形になった。アートが目的で神山町に自費でやってくる人も増え，情報発信や整備にも力を入れなければということで，「イン神山」というインターネットサイトも立ち上げられる[11]。

また，2010年から神山町で生活する方から暮らしの知恵や考えかたを教わり，今後の働きかたや暮らしかたを考える「神山塾」を実施している。全国から募集があり2016年度までに105名の卒塾生を輩出しており，2015年度より徳島県から地域創生人材育成事業として委託を受けている。神山塾の卒業生は修了後，そのまま神山町に居住するものが多い。

そして，豊かな自然を享受しつつ神山町に整備された高速インターネット回線と利用するサテライトオフィスを神山町内に開設した株式会社Sansanがある。その後6年間の間に，16社のIT企業で本社やサテライトオフィスを開設している。

NPO法人グリーンバレー理事長大南氏は，できる方法をとことん考え，「やったらええんちゃう」でとにかく始める。この言葉は，よそものである移住者の活動をすべて受け入れ，活動への活力となっているのではないだろうか。

ワーク・イン・レジデンス，サテライトオフィス，移住，自然環境に囲まれたオフィス。そして通勤時間0分を可能にした，職住近接の生活環境。働くために時間を費やすことへのストレスがかからないライフスタイル。当然，自身の生活や家族との時間をもつゆとりが生まれる。そして，自然環境豊かな場での仕事は仕事の効率が上がっているという。

神山町は，現在の都市住民の働き方と住まい方を変えたのではないか。地域に根差した生活をしながら居住地域で仕事を行い，都市にはない豊かな自然環境の恵みを享受し，生活を営んでいる。神山町は，ワーク・ライフ・バランスを実現したライフスタイルを実現しているといえる。移住者が定住者となり，神山で生涯を終えることができれば，地方都市での永続的な居住となり，地域居住が実現するだろう。

　人がいなければ地域空間は生きてこない。人があってこその地域である。人の思い，動き，活動に目を向けることがこれからの地域創生である。行政主体，既存の行政システムの枠組みから脱した，新たな取り組みが必要である。既存の枠組みを利用した新たな活動創造をし，できないのではなくやってみるのチャレンジがこれからの地域創生においては必要な活動ではないか。

4　事例から見た地域創生への戦略的視点

(1) 田舎で「住みたい，住み続けたい」と思う価値とは何か

　「田舎は田舎であるほど価値がある」と言われている。近年，田舎といわれる農山村地では人々に「住みたい，住み続けたい」と感じさせるものを有するようになった。とくに，若者世代に東京のような情報の最先端，人の集積地でなくてもよい。「東京に何の特徴・魅力があるのか」と考える人々が存在している。月刊雑誌『ソトコト』では，ローカルに価値を見出す若者たちの姿が紹介されている[12]。

　東京は，日本の首都であり，日本全国の「ひと・もの・かね」が集積する。東京は現在これらの最先端を担う都市であるが，一極集中の是正については，文化庁の京都移転にみられるように，政府の懸念材料である。

　田舎で「住みたい，住み続けたい」と思わせる価値をどこに見出すのか。それは，「地元学」でみられるように，地域住民が地域の「あるもの探し」

により，地域に愛着を感じ，地域の良さを理解できることである。そして受け入れるUターン，Iターン等の移住者に地域の魅力を語り，伝承していくことである。また，神山町でみられたように，地域が保持する自然と地域住民による地域コミュニティ活動を基盤に加えて，現在生活に不可欠となっているIT技術が活用されたことより，移住・定住者への生活の基盤と拠点を創造することが不可欠である。

地域の魅力の発見には，住民の高齢化やその地域での生活が「あたりまえ」となり，地域住民のみでの発見に限界があることが多い。そこに「よそもの」による地域発見，地域の魅力創出のかぎがあるのではないか。

近年，都市地域において，地域運営を地縁組織である自治会，町内会のみで運営するのではなく，町内会，自治会がNPO法人を結成し，国の「制度のはざま」に対応する動きが日本全国でみられるようになった。これは，地域住民のみでの地域運営が困難であり，外部から助言やアドバイスなど何らかの支援と仕掛けが必要である。「地域のことは地域で解決する」ための人事や組織が存在しない時代になっている。

昔ながらの農山村部には，自らの暮らしを維持管理するための自治組織としての集落でのつながりや組織があった。日本は高度経済成長期を経て，その組織のあり方に否定的な感覚をもつ人々が都市住民として都市の地域コミュニティを形成してきた。しかし近年昔ながらの地域住民のつながりが再評価され，地域コミュニティの再生が注目されている。そんな中，「地元学」の手法による地域住民が地域の「あるもの探し」「地域への誇り」を認識するために，「よそもの」つまりNPO等の外からの目による地域発見を地域住民が受け入れ，地域のよさを発信することで，縁もゆかりもない人々に「住みたい，訪れたい」と思うまちとなるのではないか。

(2)「交付金だより」ではない地域の魅力で人々を引き寄せる

2017（平成29）年度「地方創生推進交付金」の交付事業対象自治体が発表

されている。交付対象事業数は709事業，135億円の規模である。ここでは，一自治体のみの交付金需給ではなく，広域自治体による事業にも展開している。もはや地方都市では，都市間競争，つまり一自治体の一人勝ちの時代は終わり，地方都市は連携の時代になったといえる。

　現在，移住費補助，家賃補助，子どもの医療費無料などの政策により移住者を募っている自治体がある。このような場合，補助対象外や地域に居住する魅力がなくなれば，他都市へ移転するであろう。ある市町村の新婚世帯への家賃補助制度がその例である。

　では，その地域に魅力を感じ，「住みたい，住み続けたい」まちにするためにはどのようにすればよいのか。まず，住み続けている住民がその土地に誇りを持つこと。「ないものねだり」ではなく「あるもの探し」である。都市にはない魅力が農山村地には多く存在する。当たり前と思っていた居住空間には当たり前はない。その魅力に気づくと同時に，「よそもの」の力を信じ，受け入れる，この姿勢により旧住民と新住民の絆が構築されていく。旧住民の知恵と生き方を次世代に伝えることが，日本の伝統，生活環境，生活習慣を伝承していくすべではないだろうか。

5　小　括

　地域コミュニティの変遷と地域コミュニティ活動の変化とともに，地域居住学の視点から地域創生への戦略を考察してきた。人口減少社会での居住者にとっての地域居住のあり方を考えるうえで，居住空間への満足，つまり地域コミュニティへの愛着，誇りとその地域の地域コミュニティ活動に自信が持てる地域こそが，住民が定住し様々な地域コミュニティ活動を展開する。さらにはその魅力を感じとった人々がそこを訪れ，結果として移住・定住者となっていく。今回の事例では，地域住民は活動に対して，補助金ありきの活動は行っていない。補助金の活用は，使用用途によって

は優れた成果を創出する。しかし，補助金に頼るだけの地域コミュニティ活動は将来への展望が望めない。自らの地域への愛着と誇りを糧に，その地域の将来像をどのように描くのかにかかっている。

■ ■ ■

● 注
1）「過疎93市町村で転入超」毎日新聞夕刊，2017年8月22日。
2）吉本哲郎『地元学をはじめよう』岩波ジュニア新書，2008年。
3）水俣市HP「村丸ごと生活博物館」(http://www.city.minamata.lg.jp/423.html)。
4）財団法人過疎地域活性センター「H21年過疎地域自立活性化優秀事例総務大臣賞」(https://www.youtube.com/watch?v=4h4sh2y6_0s)。
5）「地方私大に公立化進む　閉鎖や撤退免れ」中日新聞朝刊，2017年4月16日（http://www.chunichi.co.jp/article/feature/kyouiku/list/CK2017041602000096.html)。
6）福知山市HP「教育のまち福知山「学びの拠点」基本構想」(http://www.city.fukuchiyama.kyoto.jp/shisei/entries/005203.html)。
7）多世代交流型自治活動開発研究会「しりあう地域×大学×アイデアBOOK」公立大学法人福知山公立大学地域経営学部，2017年。
8）神山町HP「位置・地勢，歴史・沿革について」(http://www.town.kamiyama.lg.jp/office/soumu/gyousei/topography.html)。
9）神山町HP「神山への移住」(http://www.town.kamiyama.lg.jp/immigration/index.html)。
10）篠原匡『神山プロジェクト　未来の働き方を実験する』日経PB社，2014年。
11）「イン神山」(http://www.in-kamiyama.jp/)。
12）松本桂子『ローカル志向の時代――働き方，産業，経済を考えるヒント』光文社新書，2015年。

● 参考文献
近畿都市学会編『都市構造と都市政策』古今書院，2014年。
指出一正『ぼくらは地方で幸せをみつける――ソトコト流ローカル再生論――』ポプラ新書，2016年。
篠原匡『神山プロジェクト　未来の働き方を実験する』日経PB社，2014年。
鈴木浩『日本版コンパクトシティ』学陽書房，2010年。
立松麻衣子『地域をつくる――地域居住学の視点から――』奈良教育大学出版会E-Books，2015年（http://www.nara-edu.ac.jp/PRESS/ebook/book010.html)。
田中道雄・テイラー雅子・和田聡子『地域創生とまちづくり――シティプロモーション

その理論と実践』同文館出版，2017年。
長瀬光市監修・著『地域創生への挑戦——住み続ける地域づくりの処方箋——』公人の友社，2015年。
西村一朗編『地域居住とまちづくり』せせらぎ出版，2005年。
松本桂子『ローカル志向の時代——働き方，産業，経済を考えるヒント』光文社新書，2015年。
山崎義人・佐久間康富編著『住み継がれる集落をつくる——交流・移住・通いで生き抜く地域』学芸出版社，2017年。
結城登美雄『地元学からの出発——この土地を生きた人びとの声に耳を傾ける』農文協，2009年。
吉本哲郎『地元学をはじめよう』岩波ジュニア新書，2008年。

参考資料
福知山公立大学「地域社会と大学の連携のあり方」福知山公立大学　冨野暉一郎氏提供資料。
福知山公立大学「公立大学の地域連携実践について」福知山公立大学　冨野暉一郎氏提供資料。

ウェブサイト
「明日のコミュニティラボ」（http://www.ashita-lab.jp/special/6037/）。
「week 神山」（http://www.week-kamiyama.jp/）。
神山町 HP（http://www.town.kamiyama.lg.jp/）。
「灯台もと暮らし【徳島県神山町】」（http://motokurashi.com/feature-tokushima/20150101）。
福知山公立大学（http://www.fukuchiyama.ac.jp/）。
福知山市 HP（http://www.city.fukuchiyama.kyoto.jp/shisei/index.html）。

（辻本乃理子）

商店街再生による地域創生

1 国の商業振興政策の変遷

(1) 流通近代化からまちづくり支援へ

　それまで流通の近代化が主な目的であった商業振興政策が「80年代の流通ビジョン」(1983年)で社会性有効という概念が示され，商店街がコミュニティの担い手としてまちづくりへの関わりを支援するようになった。

① コミュニティマート構想 (1984〜1988年)

　商店街を地域社会の「暮らしの広場」に改造するために，5年間で全国44カ所に対して計画の策定と実験モデル事業推進を補助し，商店街の中に街づくりをプロデュースする創造力と実行力をもったタウン・マネージメントを行う組織として「街づくり会社」の設立を推奨した。

② 特定商業集積整備法 (1991〜2006年)

　大型商業施設と多目的ホール等の商業基盤施設を複合した商業開発と道路等の公共施設を一体的に整備する事業計画の認定を受けたハード事業に補助金と融資をした。また商店街の中で街づくり会社がコミュニティ施設を設備，運営する事業も支援策の対象になった。

　そして，1996年には郊外立地の高度商業集積型と商店街立地の地域商業

活性化型要素を融合させて中心市街地活性化機能を重視したタイプが追加措置され中心市街地活性化法に引き継がれた。

③ 中心市街地活性化法（1998年施行，2006年改正）

　コンパクトシティ構想（都市施設の郊外分散を抑止し，都心に立地誘導する）に基づいて地方自治体が作成した中心市街地活性化基本計画を国が認定し，認定を受けた区域内のハード事業に補助金と融資する制度で，ソフト事業にはTMO（タウンマネージメント機関）を設立して，行政と商店街が連携して中心市街地の活性化を図った。

④ 地域商業活性化法（2009年施行）

　中心市街地活性化法は衰退している中心市街地に立地する商店街に限定されていたので，それ以外の地域商店街が地域住民のニーズに対応した地域商店街活性化計画を作成し，国の認定を受けると商店街ハード＆ソフト事業に対して3年間にわたって手厚い補助金が貰えるようになった。ただ，認定のハードルが高く，手続きに手間がかかるということで全国で116カ所（2016年6月17日現在）に留まっている。

(2) 補助金交付から人的支援へ

　コミュニティマート構想以降，コミュニティの担い手として商店街によるコミュニティ施設整備を助成したが，自己負担分の借入金返済と運営収支の赤字により施設を手放すところが増えた。また，イベントによる地域の賑わい創出を支援したが，個店の売り上げ増に繋がらず商店街の衰退に歯止めがかからなかった。

　このようにハード整備，ソフト企画・実施に対して事業費の2/3〜1/2を補助金として給付していたが充分な成果が上がらず，最近は支援方法を商店街の活性化事業を推進する人材育成にシフトしている。

その司令塔として全国商店街振興組合連合会が中心になって設立した㈱全国商店街支援センターが、活性化計画づくり、繁盛店づくり、商店街活動の次世代リーダー育成事業等に、専門家や成果の上がっている商店街役員を無償で派遣し、商店街運営の人材育成を支援している。

2　地方創生と商店街振興施策

(1)「総合戦略」と商店街振興施策

人口減少、少子高齢化時代を迎え地方経済の衰退は著しく、商店街ではその象徴的現象としてシャッター通り化が取り上げられることが多い。

「総合戦略」では定住人口、交流人口の増加策、雇用創出のための地域産業おこし等を掲げ、「しごと」と「ひと」の好循環を支える「まち」の活性化を目標に、その施策の一つに中山間地域等の集落生活圏を対象とした「小さな拠点」づくりを掲げているが、地方都市における「まち」の活性化を推進するためにはかつて「まち」の拠点機能を備えていた商店街の再構築が効果的と考える。

(2) 地方自治体の取り組み

国の「総合戦略」を勘案して「地方人口ビジョン」と「地方版総合戦略」（地域創生戦略）を遅くとも2015（平成27）年度までに5年計画（平成27～31年度）を策定し、「しごとづくり」等の事業推進が求められている。その時、国は先行型事業等に対して地方創生交付税を給付することになっている。

ただ、「地方版総合戦略」で商店街の活性化を主要施策として位置付けている地方自治体は少なく、2017年1月に内閣官房まち・ひと・しごと創生本部から発表された「地方創生事例集」では88例中、商店街関連は4例しかない。

そんな中、京都府では官民一体により「商店街創生センター」を開設し、

商店街の実情に応じたきめ細かな支援を行うとともに，商店街を地方創生の「小さな拠点」（多世代交流・多機能型）として位置付け，経済産業省に空き店舗流動化の仕組みづくりに対する支援策を提案している。

3 地方都市商店街の地域創生

(1) 事業構成

　商店街に多様な都市生活・産業機能を集積させることにより，「総合戦略」の「しごと」と「ひと」の好循環づくりと好循環を支える「まち」の活性化が進み，地域創生が可能になると考える。

　商店街が「買い物の場」から「暮らしの広場」に進化し，少子高齢化時代を迎えてさらに地域創生を牽引する役割を期待されつつある。

① 商業機能の集積

　郊外型ショッピングセンターと棲み分けしながら，市街地に立地する既存商店街界隈にショッピング，飲食，サービス店舗を計画的に集積し，さらに地域コミュニティ機能を付加することにより，安全な暮らしを守る生活環境を整える。

　この時にかつての商業振興施策のハード事業によるハコモノ補助金に頼るのではなく，今ある空き店舗や空き家の遊休施設をリノベーションして利活用することに努める。

② 新しい地域コミュニティ機能のインキュベート

　地域住民の多世代交流等のコミュニティの担い手としての役割は，コミュニティマート構想以来の長年の取り組みによりそれなりに果たしているものの，地域創生総合戦略の4基本目標の一つである「若い世代の結婚・出産・子育ての希望をかなえる」施策に取り組み，定住人口の増加を図る

仕掛けと仕組みづくりが期待されている。

商店街で出来る婚活支援としてはまちコンや個店の顧客どうしを商店街が縁結びする現代版仲人事業が考えられる。また，子育て支援事業としては保育施設や子育てサロンの整備，運営協力が考えられる。どちらも商店街という安全な場所と，信頼できる組織が前提となっている。

③ 観光商店街づくり

地域商店街の商圏人口は放置していると少子高齢化により減少していき，持続的に発展するためには広域からの来街者を増やし，交流人口の増加策が必要になってくる。その手法として地域資源を発掘し商業者と市民が連携して来街者をもてなす観光商店街づくりが注目されている。ただ安易に観光客相手の商いにシフトすると，地元客が離れてしまう現象を各地で経験しており，あくまでも地元客優先の商いを保ち，観光客の来訪を歓迎するシビックプライドの醸成が必要である。

④ 働く機会と場所のインキュベート

定住人口の増加を図るには自然増が期待できないので社会増を図る為に移住を促進する施策が必要で，移住支援と共に移住者の雇用確保の一環として空き店舗を活用した創業支援が考えられる。その時に，従来の家賃や内装費補助制度ではスタートアップできずに終わるケースが多い。奈良市のもちいどのセンター街にある「夢CUBE」のように，商店街ぐるみで商いをサポートする体制が求められる。また，商店街の立地と都会感覚の環境を武器に行政と連携しながらデザイン系・IT系の企業誘致も考えられる。

⑤ 地域ネットワーク形成

今まで経験したこともない少子高齢化社会の課題に対して一商店街が必

死になって取り組んだところで解決できるわけでもなく，今まで競合関係であった大型店や，近隣及び周辺商店街と連携しながらそれぞれの強みを補完した地域ぐるみの取り組みが必要になる。

　一つは情報ネットワークの構築による共同情報発信と，もう一つは物流やアクセス交通システムの連携が考えられる。例えば郊外型SCの広大な無料駐車場に停めたお客様は無料か低額の運賃で商業施設間を買い回り出来る仕組みを共同で運営することが考えられる。

(2) 地方創生施策の先進事例

　前記記載した「地方創生事例集」4例の内，高松市の「利用と所有の分離による高松丸亀町商店街の再開発事業」は，高齢者が車に乗って郊外へ行かなくても，歩いて楽しく暮らせるように住宅，医療モール，介護施設，シネコン，店舗等を複合させながら中心商店街を再開発事業によって改造し，中心市街地活性化の成功事例として全国から視察団が訪れているが，余りにも補助金の投入が多額で大規模な都市改造なので地域創生の事例にはならないと思われる。また，佐賀市の「コンテナ広場を核とした商店街活性化のまちづくり」は空き店舗を活用した新規開業支援という既存施策事例にすぎず，地域創生戦略として多様な施策を複合させながら商店街活性化の成果を上げている他の2例を紹介する。

① 日南市油津商店街

　最盛期には80店舗もあった油津商店街が，人口の流出や郊外の大型店出店という地方都市共通の影響により30店舗になって「猫も歩かぬシャッター街」と揶揄されるほどまでに衰退したにも関わらず，わずか4年間で奇跡の復活を成し遂げた事例はあまりにも有名である。

　日南市が中心市街地活性化事業の推進のために，テナントミックスサポートマネジャーを公募して333人から選ばれた木藤亮太氏（2013年7月1日

写真5-1　油津商店街
出典：齋藤めぐみ「たった3年でシャッター商店街再生！　市民の熱量を生み出し，戦略的にまちを変えていく，宮崎県日南市「地域再生請負人」の仕掛け」(https://greenz.jp/2016/05/31/nichinan_shutter_saisei/) より．

着任）のミッションは4年間の任期中に商店街に20店舗を誘致することであったが，それ以上の29店舗を誘致した．

　市民から見放されシャッター街化した商店街に，従来の空き店舗対策手法では通用するはずもなく，彼がまず手掛けたのは七夕祭り，ファッションショー，シャッター通りアーケード街を逆手に取ったボーリング大会や子供運動会，土曜夜市の復活や空き地を利用した子供たちによる農業体験等のイベントを繰り返し開催した．そうした催しによって，市民が商店街に関心を持ち，商店街は人が集まり楽しむ場所という期待感を醸成した．

　2014年3月にまちづくり会社「株式会社油津応援団」を設立後，閉店していたかつての名喫茶店をリノベーションして多くの市民が集える「ABURATSU COFFEE」をオープンさせ，翌年の11～12月には多世代交流モールとして，市民の集いの場「油津Yotten」，スイーツやベビー服店等6店舗のミニショップで構成される「ABURATSU GARDEN」，地元出身の屋台4店舗が並ぶ「あぶらつ食堂」等が次々とオープンした．

　一方，同時期に日南市の「マーケティング専門官」として採用された田

鹿倫基氏は市外から企業を誘致し，雇用を創出するミッションを与えられ，商店街の中にIT企業やデザイン会社のオフィス兼スタジオを開設させた。

そのほかにも保育園，居酒屋，レンタルスペース，ゲストハウス等が出店し，多様な都市施設が集積し，商店街再生のモデルとして全国から使節団が訪れているという。

② 豊岡市カバンストリート

日本一の鞄産地である豊岡市はバブル絶頂期の1990年頃には年間生産額が350億円を超え，全国の鞄生産額の80％を占めるまでに発展したが，円高によりアジアから安価な製品が大量輸入された結果，国内生産量が激減，多くの鞄メーカーが倒産・廃業した。しかも製品の多くは大企業の下請生産で，OEM生産だけでは産地として生き残れないと危機感を覚え，自ら商品開発に取り組み始めた。

2002年頃から，デザイナーを招聘して企画・デザイン力を磨き，2005年には地域ブランド委員会を設立して地域ブランド確立に取り組み，その成果として2006年には「豊岡鞄」が地域団体商標に登録された結果，豊岡鞄ブランド商品の売り上げは急激に増えている。

宵田商店街は当初鞄専門ショップが全くなかったが，地元産業の鞄をPRすることにより観光客が誘致できないかと考え，"豊岡鞄"のブランドプロジェクトと並行して，2004年に鞄をテーマにした「カバンストリート」としての取り組みを始めた。"鞄の自販機"を設置して話題になり，地元産食料品や地元作家による鞄・雑貨を販売する「カバストマルシェ」を毎月開催することによって，当初は鞄産業界との協業がなかった宵田商店街も鞄を核としたまちの活性化を連動して行った。

そして2014年には豊岡まちづくり会社によって宵田商店街の大型空き店舗をリノベーションして鞄のまち豊岡の拠点施設として「Toyooka KABAN Artisan Avenue」がオープンした。1階は豊岡鞄ショップ，2階は鞄製造

写真5-2 「Toyooka KABAN Artisan Avenue」
出典：ホームページ（http://www.artisan-atelier.net/about）より。

のパーツショップと鞄づくり体験コーナー，そして3階は鞄職人を養成する鞄の専門学校を設置し，毎年10人の職人を養成している。それらの事業推進の結果，空き店舗に鞄ショップが4店舗新規開業し，宵田商店街が豊岡の地場産業である鞄ブランドを世界に発信する場所として貢献している。今では，製造，販売の集積地としてだけではなく，鞄のものづくりストーリーを体験する観光地にもなっている。

4 地域創成を目指す商店街活性化のパラダイムシフト

　地方の人口減少に歯止めをかけるために，仕事をつくり，子供を産み育て定住人口を増やし，さらに流入人口と観光客の誘致により交流人口を増やすことで，地域を活性化するのが地方創生の目的とするならば，一極集中している東京以外はすべての地域に必要な施策といえる。
　そこで，かつて地域の経済，文化，コミュニティの拠点として繁盛していた中心商店街に着眼し，今後，財政難で行政による補助金が期待できなくなる将来を見据えて地域創生を民活で進めている事例を紹介する。

(1) 福井駅前商店街

福井駅前商店街は1990年の旧大店舗法の規制緩和により郊外に次々と大型店が出店したために急激に衰退し，その後15年間で店舗数43.1％，年間小売販売額43.9％，店舗売り場面積27.0％それぞれ減少した。

その間，2000年に駅前の5つの商店街が結束して福井駅前商店街連合活性化協議会を設立，駅前感謝祭，フェニックスまつり，七夕まつり，「お福分け」ブランドまつり等，様々なイベントを開催して集客を図ったが活性化には至らず，2013年には空き店舗率が20％にも達した。

そんな危機的状況に歯止めをかけたのは地元の青年実業家竹本祐司氏が2014年から取り組んだ「美のまちプロジェクト」と，「食の拠点構想」と連携したリノベーション事業で，1年半の間にエステ，美容院，服飾雑貨，カフェ等約40店舗の店をオープンさせた。

さらに竹本氏は2016年に民間まちづくり会社（一社）EKIMAE MALLを設立し，補助金に頼らないまちづくり収益事業を展開し，今では空き店舗への出店を待機している状況を生んでいる。

以下，竹本氏のインタビューにより事業概要を紹介する。

① （一社）EKIMAE MALL の事業

駅前には5商店街，4商業施設（百貨店含む）があり，その総合事務局の役割を担い，情報の一元化と共同販促を営業内容としている。

EKIMAE MALLでは，商店街組織をあえて否定している。なぜならば組合員，会員から会費を貰っていると全員を平等に扱わなければならず，お客のニーズにあった戦略的な事業展開が出来なくなるからである。したがってすべての共同販促事業（広報，イベント）は参加店舗からお金をもらっている。

かつて，商店街の役員さんが集まる席でイベント内容を説明したが，各商店に情報が伝わっていなかったために，あとで苦情を受けた経験があり，

写真5-3 (一社) EKIMAE MALL 事務所
(筆者撮影)

情報は直接各店舗に伝えるようにした。そのツールとしてファッション,ビューティ,フードの3業種に限定した3ワークスラインループ (450店舗で全店舗の約8割網羅) のラインを活用している。

設立は2016年10月で初年度の売り上げは計画900万円に対して,実績は1700万円で,その内訳は1/2が広報,1/4がイベント事業収入であった。

② 広報事業概要

情報紙 EKIMAE MALL PRESS は毎月25日に1万4000部発行しており,その内1万2000部は近辺で配布している。商店街,銀行,公共施設,駐車場,郊外 SC 等にラック大21カ所,小10カ所を設置,450店舗に訪問配布,駅前で通行人に配布,マンションにポスティングを社員2名,アルバイト1名で1週間で配布完了する。

補助金は一切使っておらず,1頁4万9000円,裏表紙7万円 (イベント案内,求人サイトは無料) の広告料で賄っている。

それだけの広告料を徴集できるのは確実に配布する能力「情報インフラ」が確立しているからで,そのためにラックを先行投資で設置した。

また，ビニール袋に広報誌，他の店舗の広告チラシ，行政広報等も有料で同封して，ポスティング事業でも収入を得ている。
　誌面制作はテンプレートを配布し，原稿を作成し返送してもらって，スピードアップを図っている。

③ イベント事業概要
　イベントは売り上げに繋げるものではなく，ファンづくりであり，参加者に体験，触れてもらうことで情報発信してもらうのが目的である。
　その時，集客が少ないのは中身の広報が出来ていない証拠であり，コンテンツが悪いのが原因である。そこで，ターゲットを絞り，イメージを明確に（濃く）する必要があり，それは足し算ではなく引き算である。
　成功したイベントは「まちなか運動会」で道路を歩行者天国にして色んなプログラムを展開した。なかでも人気があったのはバス綱引き，足つぼ耐久レースであった。合コン，まちコンイベントは毎回定員オーバーしている。
　現在計画しているのはまちコンというイベントではなく，縁結び事業の「宴」で，お店から出会いを期待している人を紹介してもらって，記載された情報をパソコンに登録し，適正相手を検索して飲食店での出会いを仲人する仕組みを作り，実施する。したがって主催者は参加者からは会費を徴集しない。参加者は飲食店で食事代を払い，主催者は飲食店から一人当たり500円の紹介料を貰う。主催者はその内200円を紹介店舗に支払うビジネスモデルである。
　縁日，夜店等のコミュニティイベントは地元対象にした交流イベントでよそものは参加しにくいが，まちなか運動会等のソーシャルイベントは来街者をもてなす仕組みである。

(2) 神戸市水道筋商店街

神戸市の中心地「三宮」から東方約3.5 kmに水道筋商店街があり，8商店街4市場約500店舗が立地する水道筋商業地の中核的存在で，全長450 mのアーケード街内で約120店舗が営業する地域密着型の商店街である。

通行量が1日平均約1万2000人で，経済産業省から「はばたく商店街30選」に選ばれるなど賑わっている地域商店街ではあるが，多くの課題を抱えている。

- 多催するイベント等で商店街は賑わっているが，個店の売り上げは低迷している。
- 店主の高齢化と共に来街者も高齢化していて，多くのお店は昔ながらの商売をしているために新規顧客を獲得することがない。そのため，次第に顧客が自然減少し，高齢化した店主の後継者は少なく，結果的に商店街の新陳代謝を拒んでいる。
- 水道筋商業地は12の商店街と市場組織に分かれてバラバラの活動をしており，今後予想される地域間競争に対抗するには水道筋全体をエリアマネジメントできる組織設立が必要になっている。

① 課題解決に取り組む事業方針

水道筋商店街全体は店主の高齢化が進んでいるものの，十数年前から三人の若手リーダーが補助金を上手く活用しながらイベントを頻繁に企画，運営をして賑わいを創出してきた実績があり，そのことが多方面から評価されている。

しかし，その努力が個店の活性化に繋がらないジレンマに直面した今，長期的視野にたって今までのやり方を見直し，補助金に頼らずに個店が元気になりかつ新規開業者を育成する仕組みと，現在の閉鎖的商圏を拡大するために広域からの来街者を誘致する仕組みづくりを意識したイベント事

業及び広報活動をしながら，最終的には周辺商店街・市場を巻き込んで観光まちづくりを目指そうとしている。

そして，自立した地域経営を持続的に推進するために民間まちづくり会社設立の準備に取り組んでいる。

② イベント事業の見直し

地元住民との交流を図る「夜店まつり」（写真5-4）や「えびすまつり」等の地縁イベントは継続して開催しながらも，新たに地元企業や地域団体と連携しながら，広域からの観光客をもてなす観光交流イベントを企画，開催する。その時，店主が主体的に来店者をもてなす「商店観光ツアー」をプロモートしていくようにする。

写真5-4　夜店まつり

（筆者撮影）

③ 広報事業の見直し

今までは地元住民を対象にした地縁イベント開催が多かったために，周辺地域にチラシを配布して集客のための広報をすることなく，買い物客にお店の案内をする「水ブラ」マップ作成に重点を置いてきた。しかし，今後は商圏を広げる為に地域と商店街と個店の魅力を周辺地域に発信する広報活動を充実させていく。

具体的には水道筋商店街が立地する「灘」まちの魅力を発信し，見て行ってみたいと思わせるようなイラストマップを掲載店舗や施設から掲載料を徴集しながら発行する。そのことによってより誌面内容の充実を図る動機づけにもなるし，補助金に頼らない自費発行が可能になる。
　また，若い世代に関心を持ってもらうためにSNSを活用して，イベント案内や個店の魅力を発信できる仕組みを作る。特に個店の情報を店主自らFacebookに投稿できるようにSNS実践塾を開催してそのスキルアップを図るようにしている。

④ 繁盛店づくり事業

　「個店が商売繁盛せずして，商店街活性化の道なし」をモットーに新たに10店舗の繁盛店づくりを目指して，（株）全国商店街支援センターの支援メニューを活用して商店街ぐるみで取り組んでいる。
　店づくりの専門家による入りやすい店頭ディスプレイ，買い易い店舗レイアウトやPOP広告，さらに在庫を減らす計数管理等の臨店研修を受けたあと，参加店舗による気付きのワークショップ，さらに4カ月後にはビフォー・アフターを全体に発表して成果を商店街に波及する仕組みになっている。水道筋商店街では繁盛店づくり担当理事を任命してこの事業を継続する予定である。

⑤ 観光まちづくり

　水道筋商店街の事業コンセプトは「繁盛店と灘人がもてなす〈新・観光商店街〉づくり」である。灘人とは灘が好きで世話好きなクリエイターや市民で，いわゆる観光地ではなく，灘の魅力（光）を発掘・発信（観せて）して，楽しさを共有体験できる商店街づくりを目指している。
　現在もつまみ食いツアー，ガイド（灘人）が飲食店を案内して食べ歩く「味酒乱」，市場で回遊しながら新鮮な食材をセルフで紙皿に盛りつけてイ

ートインで飲食する「紙皿食堂」等，食をテーマにしたツアーを開催しているが，これからは周辺の美術館，動物園，酒蔵，摩耶山等を周遊して，商店街内で店主と交流できるワークショップ等が体験できる商店観光ツアーの企画・開催を考えている。

⑥ 民間まちづくり会社の設立

商店街が中心になって設立したまちづくり会社の成功事例はあまりない。それはそもそも商店街組織があるのに別法人を設立する必然性がないことに起因しているが，経営収支が合わない，適切な人材が確保できない等が障壁になっていると思われる。前述した（一社）EKIMAE MALL の竹本氏のようにしっかりとしたまちづくりコンセプトと経営センスを持つ強力なリーダーがトップにたって経営しないと存続が難しいのだろう。

水道筋商店街は3年先の設立を目指して，商店街運営から地域経営に意識を切り替え，収益事業に順次チャレンジしているが，やはりポイントは経営センスを持った人材を登用出来るかであろう。いきなり商店街運営をまちづくり会社にシフトするのは冒険であり，今まで築いてきた堅実な商店街組織運営を基盤に，新しい収益事業を追加して行って経営実績を築いていく手法が現実的ではないかと思われる。

5 小　括

① 補助事業体験の薦め

補助事業に応募するには事前に事業計画書と収支予算書を作成しなければならず，場合によってはその事業内容に新規性や実施効果を求められることがある。そのためには組織内で課題の抽出と課題解決のための事業内容について議論を重ね，最終的には機関決定する等，合意形成が図られているので事業推進に計画性と実施が担保される。

また，事業完了後には実績報告書を提出する必要があり，会計書類の管理や記録をとる習慣が養われるとともに，実施効果を検証することにより次回の事業計画の進化にも繋がる。

② 補助金に頼らない事業推進へ
　補助金を前提にした事業は継続性に難がある。行政は財政難により補助金は削減の方向性にある。新たな事業に挑戦する段階で補助金を活用し，事業を進めながら自立の仕組みを内部構築する必要がある。その方法は組合員・会員増強と事業にスポンサーを募る方法がある。商店街振興組合の場合は定款で地域が限定されているが，地域外の店舗からも販促事業毎に協賛金を徴集することも可能である。また，イベント開催時には必ず広報媒体があり，それに参加店舗を対象に広告掲載料を徴集する方法があり，福井駅前はこの仕組みを採用している。

③ タウンマネジメント会社による地域経営
　中心市街地活性化法の計画認定を受けた商業地域では必須になっているためまちづくり会社が設立されているが，制度上ほとんどが第三セクターで，そのために代表が行政のOBや職員の出向者が多く，行政頼りの運営になりがちで，自立したタウンマネジメントがなされているとは言い難い。
　一方，商店街を活性化するためには地域を巻き込んだ地域運営が求められているが，商店街組織では限界があり，民間まちづくり会社の設立が必要になってきている。
　財政的基盤の未整備や人材不足により，全国的にはその成功事例は少ないが，地域創成の戦略に沿って，行政，商業者，事業者，住民の連携による地域経営を進めるタウンマネジメント会社の設立が望まれている。

● 参考文献

いよぎん地域経済研究センター西日本レポート（2016.4.1）。
商ひょうご（2017.1）。

ウェブサイト

株式会社油津応援団（http://www.aburatsu-o.com/）。
Toyooka KABAN Artisan Avenue（http://www.artisan-atelier.net/）。

（神戸一生）

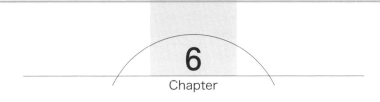

地域創生と観光まちづくり

1 地域創生における観光まちづくりの意義

(1) 観光まちづくりの概念

　近年，地方都市の人口減少や産業の衰退・空洞化が顕著にみられる。これらを解消するうえで観光振興は，定住人口の減少を観光客などの交流人口の増加で補う新たな産業振興として，地域創生にとって重要な視座になるといえよう。

　そのためには，自ら住む地域独自の資源を生かして，まちの魅力を向上させ，"住み良いまち，訪れたいまち"を目指した取組みが必要不可欠になる。なお，ここでいう観光とは，地域を訪れ，その地域の「光＝宝」となる観光資源を体験し，ふれあい，学び，遊ぶことを目的とするものと定める。また，観光まちづくりとは，地域独自の資産（資源）を生かして，地域経済の活性化を促す活動の総体と定める。

　もう少し具体的にいえば，地域の自然環境や文化資源などのまち資源を生かして，観光来訪者を呼び込み，観光まちづくりを推進する地域振興策である。そこでは，従来の観光地の再生だけでなく，地方都市再生へ向けた新たなまちづくり戦略として有効な役割を果たすといえよう。とりわけ，地方中小都市や中山間地域においても観光をキーワードにした観光来訪者の誘引は重要な視点になる。

(2) 地域創生に向けた観光まちづくりの意義と役割

　日本は，繰り返し述べてきたように，人口減少・少子高齢社会を迎えて，定住人口の減少歯止め策に国をあげて取り組んでいるが，その成果に限界があることも否めない。そこで，定住人口の減少を補うために，交流人口の増加による新たな観光まちづくり戦略が注目されている。

　1章で前述したように，定住人口の一人の年間消費額は124万円であり，これを観光来訪者の消費額に換算すると，日帰り客は83人，宿泊客は26人，海外客は10人に匹敵すると試算されており，観光来訪者の消費額は有効となる。とりわけ近年，インバウンド（訪日外国人）は急増しており，今後もさらなる増加が見込める状況にあり，大都市や観光都市だけでなく，地方都市においても千載一遇のチャンスを迎えているといえよう。これらを推進するために近年，DMO（観光地経営組織）を推進母体とした観光まちづくりの取組みも注目されており，地域一体となった推進体制の構築が必要不可欠になることはいうまでもない。なお，DMOについては，次章で詳しく記述しているので，この程度に留めておくことにする。

　もとより，観光まちづくりを推進するには，観光振興に傾斜するだけでなく，地域住民にとって住み良いまちづくりを目指すことで，訪れたい・住みたい魅力あるまちに結び付くことも意識することが重要になる。

2　地域創生へ向けた観光まちづくりの新たな視座

(1) 観光まちづくりにおける新たな動向

　地域活性化における従来からみられる観光まちづくりとしては，まちなかの商店街の再生に向けて，その地域独自の歴史的・伝統的なまち並みや建造物を有効活用した「商業観光化」によるまちづくりが重要な視座になる。

　また，従来の旅行会社などが企画するパッケージツアーによる「発地型

観光(送客型ビジネス)」に代わって，地域に住む人でなければ知り得ないまち資産を発掘・発信する「着地型観光(集客型ビジネス)」による観光まちづくりが注目されている。

さらに，歴史的・文化的価値の高い産業遺産や操業中の工場などを観光資源としたヘリテージ(近代)遺産を生かした観光まちづくりの推進や，農村や漁村などの原風景や祭りなどによる資源を活かした「産業観光」なども注目されてきている。

そして，散歩に出かける感覚で気楽にまちを訪れる内需型の観光まちづくりとして，まち歩きやバルなどのイベントによる日常の中のゆとりや落ち着きなど，暮らしの中にある小さな魅力の創出による「日常観光」へのまちづくりもみられる。

このように，従来の物見遊山的な観光振興策だけでなく，地域に眠る独自のまち資産を生かした観光まちづくりの推進が地域創生に寄与する。

(2) 地域創生に向けた観光まちづくりの先進事例

前項で近年の観光まちづくりの動向を考察したが，これらの観光まちづくりについて先進事例を交えて，地域創生における観光まちづくりについて検証してみる。

まず，商業観光のまちづくりについては，滋賀県長浜市が代表的な先進事例であるといえよう。長浜市は，滋賀県の湖北に位置し，当時の人口は約5.8万人の地方中小都市であり，その中心市街地は，近代化の煽りや郊外の大型店などの影響を受けて衰退・空洞化した。そのまちなかを市の「博物館都市構想」を受けて，北国街道沿いに放置されていた空きビル(銀行)や空き店舗を有効利用して，「黒壁スクエア[1](**写真6-1**)」をはじめ，各種黒壁館を段階的に整備して，中心市街地を商業観光化することによって，年間200万人の観光来訪者を呼び込み，全国的な観光まちづくりの成功都市になっている。

写真6-1　長浜「黒壁スクエア」
(以下写真6-12まですべて筆者撮影)

写真6-2　長浜御坊表参道

　同様に，「昭和のまち」へ再生した大分県豊後高田市（人口約2.3万人）は，近代的な商業地への整備を幾度も試みるが，全く成果がみられなかった。そこで，商工会議所の経営指導員が中核となって，2001年に店舗等のファサード（外装）を中心に，"昭和の古き良きまち"を目指して，9店舗からスタートし昭和の風情あるまち並みに再生することに併せて，昭和のロマン蔵，駄菓子博物館，昭和の絵本美術館などの小さな拠点を整備し，古き良き昭和のまちをアピールした観光まちづくりによって，地方中小都市にもかかわらず全国から年間約40万人の観光来訪者のまちに再生している。

　また，日常観光の先進的事例は，兵庫県伊丹市であるといえよう。伊丹市は，兵庫県南部に位置する衛星都市であり，人口約20万人の商工住が混在する都市である。まちなかは「伊丹郷町」と呼ばれ，古くから酒造業が栄えた"清酒発祥の地"であり，現在でも酒蔵情緒のまち並みや建造物が残る歴史的・文化的に由緒ある地域である。

　近年，これらのまち並み景観を整備するために，行政と酒造業者が連携して「郷町長屋（写真6-3）」が建設された。さらに，地域の地権者（商業者や住民）などが主体となって「伊丹酒蔵通り協議会」を発足して，古き良き酒蔵風情を生かしたまちなみ整備や，手づくりイベントなどによって，商業地の構造的課題であった空き店舗や空き地に新たな店舗の参入もみら

写真6-3　伊丹酒蔵通り「郷町長屋」

写真6-4　伊丹（まちなか）バル

れるようになった。

　これらが起爆剤になって行政や商業者や市民が連携・協働して酒蔵夜市やバル（写真6-4）などのお酒に関するイベントも定期的に開催され，まちなかは活力と賑わいある商業地に再生されている。そこでは，市民が自らの住むまちへの「シビックプライド（まちへの愛着や誇り）」が醸成され，地域一体となった取組みがみられる。

　これらによって，まちなかは買物客に加えて，周辺地域から散歩に出かける感覚でまち中を訪れる「日常観光」が促進され，内需型の観光まちづくりが芽生えてきている。

　このように，地域創生において地域独自の文脈（意味付け）のあるまち資源を活かした観光まちづくりへの取組みは，有効な戦略として捉えることができる。

　なお，次節では日本の代表的な観光都市でありながら苦戦している奈良市の観光まちづくりの実態と新たな観光まちづくりの取組みについて考察する。

3 奈良市の観光まちづくりの概況と展望

(1) 奈良市の観光の概況

　奈良市は，奈良県の北部に位置し，京都府，三重県，大阪府に囲まれており，大阪のベットタウンとしても位置付けられているが，古くから京都と並ぶ古都としての存在感があり，歴史・伝統的資産の社寺・仏閣などを内包し，国内外から多くの観光客が訪れる日本を代表する国際文化観光都市である。

　しかし，近接する京都に比べて宿泊施設の不足などによって，その地位は低下傾向にあるといえよう。さらに，「大仏商法」と揶揄されるように，事業者の自助努力が足りないといった課題があることも否めない。

　これらを解消するために，伝統工芸の体験型イベントの充実をはじめ，音楽・映画祭や観光地のマッピングの整備などに取り組んでいる。また，宿泊客の誘引のために，夜の芸能鑑賞やライトアップ事業などにも積極的に取り組んでいる。とりわけ，なら燈花会，バサラ祭りなどが定着化しており，近年は「奈良芸術祭」として発展拡大している。また，伝統的な行事として「東大寺・お水取り」や「若草山の山焼き」などを新たな枠組みで発信して年間を通した観光客の誘引に取り組んでいる。

　とりわけ近年，インバウンド（訪日外国人）が急増しており，国内の一般観光客や修学旅行客の減少をカバーしているといえよう。奈良市の2016年度の観光来訪者数は，年間約1554万人と前年度対比で3.7%増加し，過去最高を更新している。同様に観光消費額は，推計年約1013億円となり，前年比約18億円の増加となっている（参照：2017年9月奈良市報道資料による）。今後は，潜在的なまち資産と併せて，さらなるイベントの充実や広報活動などを充実させて，国内外からの観光客の誘引を目論んでいる。

(2) 奈良市の観光まちづくりへ向けた新たな取組み

① 奈良町の新たな観光まちづくりの取組み

奈良町（ならまち）（写真6-5，6-6）は，奈良市旧市街地の元興寺界隈に位置し，1300年という長い歴史を持つ由緒ある地域である。この地域は，30年以上前から歴史・伝統的町家とまちなみの保全・再生に向けて地域住民や有識者などによって地道な活動が積み上げられてきた。

そこでは，歴史・伝統的建物やまちなみの個性を残しながら，町家や空き店舗などにレストラン，カフェ，お土産店，無料休憩所などが並ぶようになり，隠れた観光名所とし存在感を発揮してきたといえよう。

これらにさらに拍車をかけたのが，2009年の奈良市が取り組んだ「国家戦略特区事業」による「奈良町にぎわい特区」によって，前述したようになら燈花会，バサラ祭り，わらべうたフェスタ，なら国際映画祭など，ならまちエリアを舞台にしたイベントやお祭りなどを定期的に開催することによって，観光客だけでなく，その地域に住む住民も楽しめる地域へと発展・拡大していったといえよう。

さらに近年注目されているのが「奈良町にぎわいの家（写真6-7，6-8）」プロジェクトである。この町家は，築100年の表屋造で現在は奈良市が所有しているが，運営管理は奈良町でまちづくり活動をしている（公益社団法人奈良まちづくりセンター，NPO法人さんが俥座，なら町家研究会）が，市の指定管理者として「奈良町にぎわいの家管理共同体」として運営を委

写真6-5　奈良町のまちなみ

写真6-6　ならまち格子の家

写真6-7　奈良町にぎわいの家　　　写真6-8　奈良町にぎわいの家

託されている。そこでは，講座，茶会，落語，コンサート，手作り体験など人が集い，学び，楽しむ，参加体験ができる町家として有効活用され，奈良町の賑わいの中核施設として存在感を発揮し，地元住民の憩いの場と併せて，観光まちづくりに寄与しているといえよう。

まさしくそれは，「住んでよし，訪れてよし」の場として進化しており，地域住民と観光客が融合する「日常観光」として，エリアリノベーションされた事例であり，新たな奈良の観光拠点として発展・拡大している。

② 奈良きたまちの観光まちづくりの取組み

きたまちは，奈良町の中でも近鉄奈良駅から北側に広がる歴史ある地域である。当地域も高齢化や商店街の衰退が顕著であるため，20年ほど前から地元住民主体によるまちづくり活動が行われてきた。近年，老朽化した奈良警察署旧鍋谷連絡所や旧南都銀行手貝支店を保存活用し，地域を訪れる観光客のもてなしの拠点として利用できないかと地元住民や奈良女子大学が連携して奈良市に提案し，2012年7月に「旧鍋屋交番きたまち案内所（写真6-9）」，又2013年5月に「奈良市きたまち転害門観光案内所（写真6-10）」としてリニューアルオープンした。

特に特徴的なことは，行政はもとより，地元住民や商業者，大学，観光ボランティアガイド団体などが主体となって互いに連携・協働し，これら

6章　地域創生と観光まちづくり

写真6-9　旧鍋屋交番きたまち案内所

写真6-10　奈良市きたまち転害門観光案内所

の施設の管理運営を行っていることである。そのことにより，地域のまち資産である東大寺や般若寺，奈良女子大学記念館等々の従来からの観光案内のみならず，これまで奈良観光ではあまり触れられていない，きたまちの地域資産，歴史的建造物や文化・伝統などをきめ細かく紹介することができ，新たな観光情報の発信と，観光客の回遊性が生まれてきている。

　さらに地域住民も地域の魅力を再発見し地域に誇りを感じて生活するようになってきており，新規店舗の参入も生じるなど，観光まちづくりへの機運が徐々に高まってきている。地域を訪れる観光客などのもてなし拠点づくりが大きな起点になったといえよう。

③　奈良もちいどのセンター街の新たなまちづくりの取組み

　奈良の中心市街地に位置する奈良もちいどのセンター街（協）は，奈良市内で最も古いといわれる商店街であるが，郊外型のSCやロード沿いの商業施設の発展・拡大によって，厳しい状況に追い込まれていることは否めない。

　とりわけ，2004年には商店街の中心部に位置するパチンコ店の退店問題が発生し，この問題解決に向けて，商店街が自ら音頭を取って対策プロジェクトチームを結成して，新たな商業施設の建創に取り組むことになった。

そこでは，国の補助金（中小企業振興補助金や少子高齢化補助金など）を受けながら，小さくてもきらりと光る個性豊かな店舗を集積するために，意欲のある新規事業者などの入居者を参入する「もちいどの夢CUBE」を計画した。そこでは，格安のテナント料で3年間の期限付きで，商業者を募集する事業に着手した。

　もとより，この「夢CUBE（写真6-11）」は，富山市中央通商店街（振）の「フリークポケット」を見学し，奈良での地元商業者などが商いの基本から経営戦略などを，入居者に教授し，3年間の実務を経験し，卒業した事業者は近接する商店街他の空き店舗で新規開業するなどして，商店街に新たな息吹を吹き込んだ成功例といえよう。これらの若くて意欲のある商業者は，従来の商店街の組織運営に刺激を与え，積極的にイベントや祭りなどにも参画しており，経営者の高齢化が進んで衰退している商店街に楔を打ち込んだといえよう（写真6-12）。

　とりわけ，イベントなどの企画・運営に関して，「夢CUBE」自身も率先して参画して，商店街に新たな息吹を吹き込むなかで，「南市恵比寿神社のえべっさん」や「春日若宮おん祭」の先駆けになる「采女祭り」「大宿所祭」，などの運営の中核的な担い手になっており後継者不足に悩む商店街に若い力を創出することに結び付いている。

　ただし，この事業形態は卒業したテナントに代わり，新たな店舗の参入や魅力ある業種・業態をいかに埋め込むかが課題であり，今後も魅力ある

写真6-11　もちいどの「夢CUBE」

写真6-12　奈良もちいどのセンター街

事業として継続することが望まれる。

(3) 奈良の観光まちづくりの今後の課題

　奈良は，他の都市がうらやましいほどの観光資産が内包されていることはいうまでもない。しかし，前述したように京都と比べるとその存在感が乏しい。これらを解消するためには，インバウンド（訪日外国人）を含む宿泊客の促進へ向けたホテル・旅館の建設はもとより，近年宿泊施設の不足を補うため期待されている，町家（古民家他）などを有効活用した「民泊」の促進へ向けた取組みが必須になるといえよう。

　奈良の中心市街地には，奈良町（ならまち）で考察したように，有効活用できる町家・古民家などが多く内包されている。とりわけ，近年の「民泊」に対する規制緩和が進むなかで，まちをあげた積極的な取組みが望まれる。また，奈良の食文化の掘り起こしによるもてなしや奈良独自の新たなお土産などの創出による食ブランドの再構築も必要不可欠になるといえよう。

　デービット・アトキンソンは，観光大国になる4条件は「自然，気候，文化，食」だと述べている。この4条件を奈良は十分満たす都市である。その意味でいえば，奈良は豊かな自然や多くの歴史・伝統的資産の神社・仏閣をはじめ，歴史・文化的な祭りや新たなイベントを創出している屈指の観光地である。今後は，いかにこれらのまち資産を対外的にアピールすることができるかが重要になるといえよう。そのためには，今一度，奈良全体のシティプロモーション戦略を行政と地域住民などで再構築することが強く望まれる。

　以上の奈良での成功例他を総合的に考えると，私は，成功条件のヒントとして，①地域が主体として発信し，他の協力団体の力を併せることができる，②企画，運営をすべて地域に任せてまた人材を集めることができる，③地域の自治体へ，提案と協力と理解を求めることができる（建物等のみ

提供含む），の3条件がそろえば，継続的に今後も成功すると実感したのである。

4 小 括

　ここまで，地域創生と観光まちづくりについて，新たな観光まちづくりの動向をはじめ，先進事例を交えて考察してきた。そこでは，まちなかの商業観光化の推進をはじめ，地域創生へ向けた着地型観光や，日常観光の可能性についても考察してきた。さらに，奈良市の観光まちづくりの実態と新たな観光まちづくりの取組みについて，事例を交えて詳しく考察してきた。

　そこでは，従来の枠組みを超えた視点や取組みによって，衰退している地域を観光まちづくり戦略によって，地域再生に結び付けている。また，地域に眠るまち資産の再生や新たな機能を埋め込んで，「住みよいまち，訪れたいまち」を目指した観光まちづくりに取り組んでおり，地域創生において有意義な示唆を与えているといえよう。

　まさしくそれは，地域の潜在的なまち資産や地域に眠る資源の発掘による地域独自な魅力ある観光まちづくりの促進である。さらに，これらの観光まちづくりを推進するためには，行政はもとより，地域住民や各種団体に加えて，新たな事業者の参入などによる人材の醸成によって，地域一体となったまちづくりへ向けた推進組織の再構築が重要になる。

取材協力
　奈良もちいどのセンター街（協）理事長　松森重博 様
　奈良街道まちづくり研究会　事務局長　山口育彦 様
　公益社団法人奈良まちづくりセンター，事務局長　藤野正文 様

● 注

1）旧明治銀行（愛称は黒壁銀行）を有効活用として，ガラス雑貨・工房などに再生した施設。
2）伊丹市と地元酒造業者（小西酒造）が連携・協働して建設した長屋風商業施設。

● 参考文献

佐々木一成『観光振興と魅力あるまちづくり』学芸出版社，2008年。
総合観光学会編『競争時代における観光からの地域づくり戦略』同文館出版，2006年。
田中道雄ほか編著『シティプロモーション——地域創生とまちづくり』同文館出版，2017年。
デービット・アトキンソン『新・観光立国論（実践編）　世界一訪れたい日本のつくりかた』東洋経済新報社，2017年。
西村幸夫編著『観光まちづくり』学芸出版社，2009年。
濱田恵三『まちづくりの論理と実践』創成社，2011年。

（中川佳英子）

地域創生へのツーリズム戦略

1 ツーリズムの概念と意義

(1) ツーリズムとは

Tourism（ツーリズム）の語源は，ラテン語のTornus（トルヌス），陶芸に使用する「ろくろ」のことで，円を描く道具を意味する。そして，「周遊」を意味するTourに「行動」を意味するismがついてTourismとなった。国連世界観光機関（UNWTO）によれば，「ツーリズムとは，継続して1年を超えない範囲で，レジャーやビジネスあるいはその他の目的で日常の生活圏の外に旅行したり，また滞在したりする人々の活動を指し，訪問地で報酬を得る活動を行うことと関連しない諸活動」と定義されている。

昔，冥途の土産として旅した時代とは異なり，旅行することが当たり前のように普及し定着した今日，旅の目的や行動スタイルは大きく変化してきており新しい視点（発想）を加える必要があると感じている。はじめは物見遊山，そして非日常に入り込んでの体験へと変化し，最後には自分の求めるライフスタイルを見つける。旅行者にとっては非日常であるが，受け地にとっては日常の生活空間そのものである。そして，長期滞在者やリピーターは，いつしか自分のライフスタイルを求める行動へと変化し，日常と非日常の線引きがつかなくなってくる。今後新たなツーリズムを考えるとき，非日常と日常の境目にヒントが隠されているのではないだろうか。

旅先で現地の人ともっと話がしたい，その土地をもっと深く味わいたいという個々人の要望に対応しようとすると，自ずと観光の中身に深さが求められる。それは発地型観光では創り出すことができず，その地域のことを知りぬいた人たちが作る着地型観光が鍵となる。

(2) ツーリズムの概況

日本における21世紀のリーディング産業として注目を集める観光産業の国内旅行消費額は年間25.8兆円（2016年）にのぼる。その主な内訳は，国内宿泊旅行16.0兆円，国内日帰り旅行4.9兆円，訪日外国人旅行3.7兆円である。ここ数年，旅行消費額の推移の変化は少ないが，訪日外国人旅行者の消費額が増加してきており，外国人旅行者による経済効果への期待が高まっている[1]。

宿泊観光旅行の旅先での行動についてのアンケート結果では，「自然の風景を見る」，「温泉浴」，「名所・旧跡を見る」という3項目が上位に並ぶ。大都市型観光の「レジャーランド・テーマパーク」，「都会見物」は下位にあり，この結果からみれば，多くの観光客は地方で過ごす楽しみに期待を寄せていることが伺え，今後の地方への観光客誘致の可能性を秘めている（図7-1）。

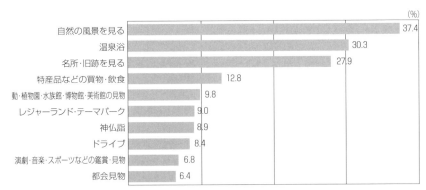

図7-1 宿泊観光旅行の旅先での行動トップ10（複数回答・2015年度）
出典：(公社) 日本観光振興協会　平成28年度版「観光の実態と志向」。

(3) 地域創生におけるツーリズムの意義と役割
① 交流人口がもたらす経済効果

　過疎化と高齢化が進む地方都市にあっては，あらゆる施策を展開して定住人口の減少に歯止めをかけ，特に若者世代の定住化を促進したいところである。多くの自治体で定住化促進活動が展開されているが，いくつかの自治体で成功例があるものの，全国的にはなかなか成果が上がっていないのが現実であり，ますます過疎化が進行している。その対策として，定住人口の拡大に向けた地道な活動を展開するとともに，地方都市への交流人口の増加を狙った戦略が重要になってくる。

　交流人口がもたらすもの。それは，地元に多くの人々が訪れることによって，飲食店，宿泊施設，観光施設，土産物店，交通機関などが利用され，様々な経済効果が生まれる。観光客が訪れることで地域の社会的経済的振興が促され，地元農産品や工業製品がブランドとして形成される。これにより，地元に新たな仕事が生まれ，定住人口の増加にも良い影響が生じる。交流人口がもたらす地元への経済効果は大きく，地域創生への大きな起爆剤になる。また地元に住んでいて今まで気付かなかった地元の魅力を再発見することにもつながる。

　日本では，東京や京都といった大都市に多くの訪日外国人客が訪れていることは事実であるが，人口100万人の都市に1万人の観光客と人口10万人の町に1万人の観光客では，地方経済に与える影響は全く違う重みを持つ。兵庫県豊岡市の小京都と呼ばれる出石町は，1972年の観光客は9万人であったが，町のたゆまぬ努力によって，近年では人口1万人の町に年間100万人の観光客が訪れる町へと発展している[2]。これは1万人の町に毎日3000人の観光客が訪れていることになり，出石そばの人気も手伝って大いに賑わいを見せて大きな経済効果をもたらしている。

② 広域連携の必要性

　ひとくちに地方の活性化のため交流人口を増やすといっても，それはなかなか容易なことではない。それでは，どうすればいいのか。例えば，航空業界では大競争時代の中で生き残りをかけてグローバル・アライアンスというビジネスモデルが生まれた。これは，世界の航空会社の多くが単独1社では生き残れないことに気づき，世界規模で航空会社がチームを組んで連携し，それぞれの得意エリアで販売力を発揮するとともに，スケールメリットを生かしてチーム全体でのコストダウンを図っている。現在，3大アライアンスグループが形成され，お互いに良きライバルとして対抗し，次々と新しい戦略が生み出されており，このビジネスモデルはこれからの地域創生のあり方に視座を与える。つまり，一つひとつの地方自治体が単独で活動するには限界があり，地方の生き残りをかけて地域でチームを組み，お客様の視点から広域連携していくことが一つの答えになるのではないか。そして，良きライバルを持つことによって競争心が生まれ，ますます地域の団結力が増し英知を結集して新たなアイデアと効率化が生まれるのである。遠く海を越えてやってくる訪日外国人旅行者にとっては，愛知，岐阜，長野は中部圏であり，また京都，大阪，神戸もライバルではなく，すべて関西圏として映るのだ。広域連携によって多くの魅力的な観光地，体験型プログラム，地元グルメを楽しむ着地型観光を用意し，情報発信力を高めて海外にも大いに発信していくことが求められる。

(4) ツーリズムの新たなトレンド

　顧客ニーズの多様化が進み，若年層の間で広がる社会現象がニューツーリズムを創り出している。例えば，「ポケモンGO」という街を徘徊して人気ポケモンキャラクターをゲットするゲームが流行し，多くのキャラクターが出没する場所には多くの人が集まっている。また，テレビ・映画やコミックのロケ地として登場した場所を訪ね，主人公と同じ場所・同じポー

ズで写真を撮る「聖地巡礼」が日本の若者のみならず外国人旅行者にも人気となって多くの旅行者が地方都市を訪れている。さらには，スマートフォンを活用して，SNSやインスタグラムへの投稿が流行し，インスタ映えするベストショット写真を撮影するためには，友人と旅をしたり，気になる飲食店に足を運ぶことには多少の予算を使っても良いと考える若者たちが増えている。近年，若年層の旅行離れが指摘されているが，若者たちは自分の気に入ったことには旅行という概念を飛び越えて活発に行動している。観光産業に関係する者として，ぜひ若者たちのトレンドにもアンテナを張っておく必要がある。

2 地域創生への新たなツーリズム戦略

(1) DMOとDMCの導入
① DMOとDMCへの期待と課題

これまで，地域の観光振興は，地方自治体と観光協会がイニシアチブをとって行われてきた。しかし，具体的な戦略や運営を機動的に推進するためには行政だけでは十分とはいえず，その担い手として民間が主導するDMOとDMCが期待されている。

2014年12月に閣議決定された「まち・ひと・しごと創生総合戦略」において，観光戦略を推進する組織としてDMO（Destination Management Organization）が紹介された。スイスを参考に観光庁が規定した日本版DMOは，「地域の『稼ぐ力』を引き出すとともに地域への誇りと愛着を醸成する『観光地経営』の視点に立った観光地域づくりの舵取り役として，多様な関係者と協同しながら，明確なコンセプトに基づいた観光地域づくりを実現するための戦略を策定するとともに，戦略を着実に実施するための調整機能を備えた法人」であるとし，その後の「日本再興戦略2015年改訂（アクションプラン）」では，「日本の観光のトップランナーとして相応し

い地域の中から世界に通用する観光地域づくりとマーケティングを行う官民一体の観光地経営体（日本版DMO）を選定し，政策資源を集中的に投入する」として，官民を巻き込んだDMOを観光地経営の主体として位置づけることが示された。

　JTB総合研究所によれば，DMOとは，「観光物件，自然，食，芸術，芸能，風習，風俗など当該地域にある観光資源に精通し，地域と共同して観光地域づくりを行う法人」，またDMC（Destination Management Company）とは，「地域の知恵，専門性，資源を所有し，イベント・アクティビティー・輸送・運送計画のデザイン・提案に特化したプロフェッショナルサービスを提供する企業」と定義している。[3] 要約すると，DMOとDMCの違いは，DMOが観光地域づくりとマーケティング主体の組織であるのに対して，DMCは旅行者へ体験の場や実際の手配サービスを提供する組織といえよう。

　しかし，これまでのところ従来の観光協会が単に看板を変えた組織が多くみられる。真に民間主体の組織で，地域創生に向かって結果にコミットする自立した活動を展開し，それを行政が後押しする本来のDMOの活動が期待されている。もう国からの補助金を認めてもらうことを目標にする組織はいらないのである。

② 今こそシニアの活用

　団塊の世代の大量退職時代が現実となり，総務省統計局のホームページによると65歳以上の高齢者（以下，シニア）人口は3502万人で，総人口の27.6％と人口，割合ともに過去最高となった。[4] シニア層は，様々な旅のスタイルを経験してきた世代であり，この豊富な経験とノウハウをもつ3502万人のシニア人材をこのまま眠らせておくのは日本にとって大きな損失である。今こそ，シニア層がいち旅行者から地域活性化の担い手として立ちあがり，地方の活性化に貢献してほしい。そこには定年を過ぎて，なんと

なく虚しさを感じるシニアにとって観光人材として社会に貢献する役割を持ち，自分を再活性化させる前向きな生き方がある。

(2) 日帰り観光から宿泊型観光へ

日本人旅行者の一人一回当たりの国内旅行消費額は，日帰り観光で1万6125円，宿泊型観光では5万6086円と日帰り観光の実に3.5倍の経済効果がある[5]。現在，国内日帰り旅行の年間延べ人数は，3億1542万人，国内宿泊旅行の年間延べ人数では3億2566万人とほぼ拮抗している[6]。今後，さらなる経済効果を期待するとき，日帰り旅行の観光客にどのようにして宿泊してもらうか，また新たな宿泊型旅行を創出していくのかが鍵となる。宿泊数を増加させることができれば，縮小しがちな地域経済を拡大させる大きな力となる。

日本人の一人当たり観光目的（兼観光も含む）の旅行回数は年間1.51回，宿泊日数は年間2.47泊であり，海外旅行，親類・友人宅訪問や業務出張を含めても，国民一人当たり年間5.18泊である[7]。「世界的には，フランス16.2泊，英国16.2泊，ドイツ13.5泊，米国9.3泊と日本に比べて2～3倍の高水準にある[8]。」日本は，まだまだ国内宿泊を増加させるポテンシャルを秘めているといえよう。しかし，なかなか長期休暇が取得できない日本では，交通手段の発達も手伝って，「安近短」さらには「安遠短」の傾向が高まっている。日帰り観光から宿泊型観光へのシフトは，一つの地方・自治体では限界があり，広域連携して移動型連泊を高めることや体験型の着地型観光を訴求することによって実現が可能となる。

(3) インバウンド（訪日外国人）の誘致
① 外国人のニーズを読む

日本と諸外国ではそれぞれの文化の違いもあり，日本を訪れる外国人旅行者が心から求めているニーズと迎える日本人の想いにズレはないだろう

か。JNTO（国際振興協会）のアンケートによれば，外国人観光客の四人に一人が日本酒を飲むことを楽しみにしてやってくるという。日本人には当たり前のものが外国人にはとても興味深いものとして映ることがある。

　ある観光協会が外国人旅行客の誘致促進を目的として，香港観光局の方々を招いた時の話である。夏の季節でもあり昼食の時間に海辺でバーベキューを楽しんで頂こうとセットしたが，一向に楽しそうな表情をされず焼肉に手をつけようとしないので伺ってみた。すると，「夏の暑い時期にバーベキューをするなんて信じられない。香港では涼しい時期にします。」と言われたという。日本人の固定観念で決めつけることなく，それぞれの国の文化や風習を予習する必要性を感じた一コマである。そこで，夏は日本人観光客，そしてオフシーズンの秋から冬には香港観光客にバーベキューを楽しんでもらう企画ができあがったそうである。

② 試される情報発信力

　近年，訪日外国人の旅行手配方法をみると，全国籍計で個人手配が68.9％となっている[9]。すなわち，日本での滞在先は海外の旅行会社が決めるのではなく，訪れる個々人が収集した情報の中から決定しているにもかかわらず，外国人にとって日本の観光情報はまだまだ不足している。外国人観光客の誘致には，地域の特徴と魅力をSNSやインターネットを活用して，海外へ的確な情報をタイムリーに届けることが重要になっている。異文化を熟知した日本在住の外国人の目線による情報発信も効果を発揮している。

　そして，外国人旅行者が日本を訪れる場合，観光地域やホテルは出発前に決めて手配するが，どの観光地を訪れるかの意思決定は日本にやってきてからが多く，外国人観光客の意思決定のタイミングも良く理解しておく必要がある。リピーターを中心に素泊まりで旅館に泊まって日本を縦断したり，同じ旅館に10泊して広域観光を楽しむ外国人旅行者もいる。

(4) 着地型観光の新たな潮流
① エビスサーキットの事例

　福島県二本松市に「エビスサーキット」というドライビング・コースがあり，ドリフト走行を求めて来日した外国人が集まってくる。1980年代に日本の若者たちの間で流行したドリフトは，日本では2006年9月に東宝系で全国公開されたアメリカ映画，「ワイルドスピードX3 TOKYO DRIFT」で世界的に注目され，今ではサブカル聖地秋葉原，新宿ゴールデン街などと並び，日本が発祥といわれるドリフトが楽しめる「エビスサーキット」はドライバーの聖地となっている。7つのコースがあり，初級から上級者まで幅広く楽しむことができ，かつてのグランプリ・チャンピオンも一緒にドリフトで楽しむ，ファンにとっては「地球上，唯一の場所」とも言われる。

　ここで走行させる車は，サーキットに隣接したスコットランド人が経営するカーショップで中古車を購入することになる。さらに，タイヤ，修理パーツ，ガソリンの購入費用を合わせて100万円ほど持参してここへやってくる。外国人たちはリピーターも多く，10日から2週間ほど滞在しサーキットでドリフト走行を楽しみ，ドリフト仲間と出会い友達と素晴らしい時間を過ごす。

　スポーツ・ツーリズムは，運動施設などハード面の整備や観戦に訪れるイベント集客も容易ではないことから，中核都市が開催するものという印象が強い。しかし，広大な土地があるからこそできるモータースポーツや波の音が聞こえ開放感あふれるビーチでのスポーツやヨガ教室，田園風景が広がる山里をめぐるサイクリングスポーツなど地方だからこそ可能なものも多く，アイデア力と夢を持った経営者によって実現されるものなのである。

② ナイトタイムエコノミー

　欧米では，ミュージカル・音楽ライブ・カジノなどのエンターテイメントが夜を楽しませてくれるが，訪日外国人客の「夜，遊べる場所が少ない」との声をきっかけに，ナイトタイムエコノミーと呼ばれる「夜遊び経済」を盛り上げようという機運が日本でも高まっている。この構想を練り始めたアミューズ音楽事務所は，「観光，宿泊，エンターテイメントを一緒に楽しめるモデルケースにしたい」と話す。何か，都会型の楽しみ方のように思えるが，地方でも夜を楽しむ旅の演出はできる。

　「旅は道連れ，世は情け」，宿泊客同士の人と人をつなぐ場を提供したり，都市型ホテルでは体験できない演出をしてみる。例えば，夕食後地元の祭りに浴衣で連れ出す。都会では見ることのできない満天の星空を大地に寝そべって仰ぐ。三味線や太鼓を使った地元に伝わる伝統民謡も地方を味わえる心に残る演出となる。私の体験では，石垣島のタクシーの運転手さんがホテルへの帰り道に寄り道して，夜にだけ咲く花「夜来香」を見に連れて行ってくれた。地元に精通した人でなければできない演出に出会えた。

③ 日常を楽しむのも旅の味わい

　海外旅行，どこへ行くかの動機付けは世界遺産かもしれない。しかし，現地で目にするものは大半が宿泊拠点となる都市の景観であり，私たちもその地域の人々の日常生活に多くの興味を持つ。訪れた町でスーパーマーケットに立寄れば，その町の食生活を理解することができる。治安の良い日本では，夜の散策も楽しみの一つで，猥雑な繁華街，ストリート，居酒屋のれん街の赤ちょうちんに多くの外国人が訪れている。日本の大衆料理である焼鳥屋の調理場はさながらオープンキッチンスタイルで，外国人にはとても興味深いものに映るのである。

(5) LCC（格安航空会社）を活用した観光客の取り込み

① LCCが地域活性化のチャンス

　日本にLCC（格安航空会社）が登場した2012年は，「日本のLCC元年」といわれ，関西空港を拠点に3月からピーチ・アビエーションが就航し，初めて迎えた夏の旅行シーズンは，国内線のお盆期間の利用率が94.3％にも達した。航空代金の安さにひかれて，初めて飛行機に乗ったという人も少なくなく，今後の航空旅客の潜在需要を掘り起こす起爆剤となった。また，同年7月成田空港を拠点とするジェットスター・ジャパン，さらに8月エアアジア・ジャパン（のちにバニラエア）が和製LCCとして次々に運航を開始した。LCCの台頭によって，欧米では人々のライフスタイルまで変えてしまったという事例を良く耳にする。ロンドンの学生たちは，「最近，パリに人気のパブができたから，今度の週末にみんなで飲みに行こう。」と相談し合い，高速バス並みの航空運賃でLCCを利用して週末を楽しむようになったという。今までは行動範囲外にあった世界がそこには広がっている。世界的にはすでにLCCが浸透し，欧米では年間航空旅客の約4割，東南アジアでは約6割がLCCを利用しているが，日本ではまだ1割で，その成長への期待が高まっている。今こそ，LCCの成長を地域創生へのビジネスチャンスとしてとらえ，その具体的な進め方について考察しよう。

② 地方の観光振興組織とLCCとの連携

　2014年7月1日，LCCのバニラエアは，成田空港―奄美大島線（鹿児島県）を新規に就航させた。LCCの参入効果は期待以上であり，奄美市議会での市当局の説明では1年間で42億円の経済波及効果があったとされ，地元では「バニラ効果」と評価されている[11]。航空会社が便数を増便すれば，てき面に観光客が増加し，路線を休止すればすぐに観光客が減少する。いかに航空会社と密に連携して高需要を定着していくのかが問われる。日本の大手航空会社では，「北海道スキーキャンペーン」「沖縄キャンペーン」

などテレビ CM を使って毎年季節ごとにデスティネーションキャンペーンを展開して路線需要の拡大を図ってきたが，LCC は，大手航空会社のように潤沢な予算はなく，路線需要拡大には，なるべくコストをかけない草の根のマーケティング活動が必須条件といえる。しかし，LCC は，低コストを徹底するために最小限の人員で運航しており，路線需要の拡大に要員を確保することは容易ではない。そこで，前述の DMO をはじめとした地方の観光振興組織がマーケットニーズの把握や着地型観光商品の開発という役割を担い，その情報発信は LCC が得意とする IT や機内媒体を活用して広く出発地の人々に観光情報を届けるというビジネスモデルを構築することで，観光振興組織と LCC の両者が連携した WIN-WIN の関係が成立する。さらに，地方組織ではなし得ない航空会社と旅行会社とのタイアップによる送客も現実のものとなり得る。

確かに空港は都市部に隣接しており，市町村レベルで LCC と個別に連携を組むことは難しい。そこで，空港のある地方中核都市とそこに広がる多くの市町村が広域的に協同して LCC とのタイアップを推進することが必要となる。

3 地域創生へ向けた観光ホスピタリティの演出

(1) 地方都市への観光客のニーズ

観光客が都会と地方に求めるニーズは異なる。都会に求める近代的施設空間にエンターテイメントを求めてやってくるのとは異なり，地方には大自然に包まれながら日頃の自分を振り返り，温泉に浸って心身を休める，そんな非日常空間を求めてやってくる。そして，隣人と関わることの少なくなった都会のジャングルから，なんとも優しい空気の中で地元の人々とのふれあいを味わいたくなる。函館，高山，輪島などの朝市に早朝から観光客が集まるのも頷ける。全国，ミニ東京化の様相を脱却してその地域の

個性を生かし，心温かく魅力溢れる地域活性化を進め，交流人口の拡大を目指したい。

(2) 観光客へのホスピタリティの演出
① ホスピタリティのあるまちづくり

地方を訪れる旅行者は，心が豊かになり生きていて良かったと思える旅に出会いたいと思っている。地元の人たちとのふれあいを求めてやってくる旅行者に，ぜひホスピタリティ精神を持って接したい。

会津若松市の駅前通りもいつしかシャッター通り商店街となった。そこで会津若松市駅前の通り会「アネッサ・クラブ」が結成され，商店街の女将さん達が立ちあがり「4つのどうぞ」を始めた。「お茶をどうぞ」「椅子をどうぞ」「トイレをどうぞ」「荷物をどうぞ」，地域の心意気が伝わる話である。「うちには，何も自慢するものはないからな〜」という町は多いが，大切なことは町民が結束し，このように個性を創り出し工夫することが地域創生の第一歩を踏み出すことなのだ。

ホスピタリティはコストのかからない魔法の杖である。挨拶だけで町の印象が変わる。できれば，「庭で焼いた『焼き芋』だが，食べて行かんね？」とおもてなしを発揮してみてはどうか。ありのままの大自然，伝統文化，風習，郷土料理の見せ方を演出し，地元の人たちとふれあう機会を演出することによって，旅行者を満足レベルから感動レベルへと引き上げ，「もう一度行きたい。」というリピーターづくりにつなげることができる。そして，おもてなしをした側もとても温かい気持ちになる。

② 地方ならではのホスピタリティ溢れる旅の演出

観光地における観光客のニーズに耳を澄まし，記憶に残る思い出の演出には様々な手法がある。例えば，昔にタイムスリップしたような臨場感のある街並みを演出することもできよう。北欧の都市では，街灯，マンホー

ル，電柱，ガードレールの演出でストリートの個性を発揮して哀愁が漂う忘れられない旅を演出してくれる。旅人にとっては，思いもよらない演出に出会うことが旅の楽しみでもある。

　英国ウェールズ出身の環境研究家CWニコル氏が長野県信濃町で開催された森づくりの会場で語ってくれた話をご紹介しよう。あるとき，ニコル氏の友達が，ニコル氏を訪ねてはるばる北欧からやってくることになった。長野に住むニコル氏は，この親友をどのようにおもてなししようかとわくわくしながら考えた。新鮮な信州野菜と前日からじっくりと自家製で燻製した牛肉，そして自宅のワインセラーからとっておきのワインを抜いておもてなしをして，その夜は満天の星空を眺めながらお風呂にゆっくりと浸ってもらうことにした。その友人はとても満足して帰国していかれたそうである。ニコル氏は言う。「日本人はなんてもったいないことをするんだろう。東京の窮屈な高級マンションに住んで喜んでいるが，信州に来ればこんなに心豊かな演出と過ごし方ができるではないか。」と。ここに旅のおもてなしのヒントが隠されているように思う。

4　小　括

　ここまで，地域活性化のために大きな経済効果をもたらす交流人口の増加を狙ったツーリズム戦略の重要性を考察してきた。その方策として，日帰り観光から宿泊型観光へ誘導することや増加する訪日外国人の地方への誘致があげられる。それには，その観光振興の担い手となるDMOやDMCが自立して，観光客と正面から向き合い真の顧客ニーズを収集し，地域観光業者，地域住民，行政と連携していく運営プロセスの中から着地型観光を開発すること，さらに活動を通して次世代の観光人材を育て，今までになかった価値を創造することに期待が集まっている。その活動の輪に経験豊富なシニア層の活用も重要な視点となる。

そして，地方だからこそ発揮できる観光ホスピタリティの演出によって，旅行者のみならずその町に暮らす地元の人たちにとっても心豊かで暮らしやすい町を形成することができる。また，近年台頭してきたLCCは，格安運賃を武器に訪日外国人の地方への送客にも大きな効果が期待されるところであり，地域創生に向けて地域とLCCが戦略的に連携して旅行需要を喚起し，交流人口の拡大を図る新しいビジネスモデルの構築が求められる。

■■■

● 注
1）平成28年（2016年）の旅行消費額の推移について
　観光庁「旅行・観光消費動向調査」,「訪日外国人消費動向調査」より。
2）天野良昭『出石振興局の経営方針』（平成27年度）「観光入込客数の推移」出石振興局，7頁より（http://www.city.toyooka.lg.jp/www/contents/1440633693231/files/）。
3）JTB総合研究所「DMOとDMCの定義」（https://www.tourism.jp/tourism-database/glossary/dmo/）より。
4）総務省統計局「人口推計」平成29年7月報（平成29年7月20日）より。
5）観光庁「平成28年度旅行・観光消費動向調査」「日本人旅行者の1人1回当たり旅行消費額」より。
6）観光庁「平成28年度旅行・観光消費動向調査」「国内宿泊旅行延べ人数，国内日帰り旅行述べ人数の推移」より。
7）国土交通省「2012年伸び悩む国内観光」「国民1人当たり平均宿泊旅行回数及び宿泊数」より。
8）額賀信『観光統計からみえてきた地域観光戦略』日刊工業新聞社，2008年より。
9）観光庁「訪日外国人消費動向調査」（2015年1月～6月）「国籍別にみた旅行手配方法」より。
10）日本経済新聞「エコノミーフォーカス訪日需要眠る『夜遊び経済』」2017年9月25日記事より。
11）奄美新聞「バニラ効果年間42億円」2015年9月10日記事より。

● 参考文献
小野秀一郎『ネット活用でここまで変わる！外国人観光客を呼び込む方法』実業出版社，2016年。
高橋一夫『DMO　観光地経営のイノベーション』学芸出版社，2017年。

千葉千枝子『観光ビジネスの新潮流』学芸出版社，2011年。
ツーリズム学会編集委員会編『新ツーリズム学原論』東信堂，2006年。
戸所　隆『日常空間を活かした観光まちづくり』古今書院，2010年。
中村好明『観光立国革命』カナリアコミュニケーションズ，2015年。
額賀　信『観光統計からみえてきた地域観光戦略』日刊工業新聞社，2008年。
濱田恵三『まちづくりの論理と実践』創成社，2011年。
福留　強『おもてなしの力』悠雲舎，2014年。
村山慶輔『訪日外国人観光ビジネス』翔泳社，2015年。
渡辺千賀恵『観光まちおこしに成功する秘訣』ぎょうせい，2011年。

(栗原正憲)

地域創生とクリエイティブシティ

1 クリエイティブシティの概念と意義

　近年，地域創生を考察するうえで，都市（地域）固有の文化や芸術などを生かした都市再生戦略として，クリエイティブシティ（創造都市）が注目されている。それは，都市の独自性を発揮するうえで重要な視点になってきている。

　なお，ここでいうクリエイティブシティとは，文化・芸術・音楽などを核とした都市固有の文化資本を生かした創造性に富んだ都市と定める。

　L.マンフォードは，『都市と文化』のなかで，都市を機能性と芸術性の二重性から定義し，"文化的個体間の単位としての地域"として，創造都市を捉えている。

　J.ジェイコブスは，『アメリカ大都市の死と生』のなかで，大都市の外来型開発から人間的なスケールで内発的発展の都市再生を示唆し，クリエイティブシティの意義を考察している。

　C.ランドリーは，『創造都市』のなかで，芸術文化が持つ創造的なパワーを生かして，社会の潜在力を引き出そうとする創造都市の試みに注目している。

　日本では，佐々木雅幸が『創造都市への展望』のなかで，創造都市とは，「人間の創造活動に自由な発揮に基づいて，文化と産業における創造性に

富み，同時に脱大量生産の革新的で柔軟な都市経済システムを備えた都市」と定めている。そのなかで，疲弊（衰退）したイタリア産業の再構築に向けた新たな産業創出として，「第三のイタリア」[1]と呼ばれる地域力を引き出す個人企業（職人工房）群の産業集積による都市経営の有効な戦略として捉えている。そして，地域独自の文化や芸術などの産業を生かした創造都市戦略の優位性を考察している。

そして，R. フロリダは，『クリエイティブ・クラスの世紀』のなかで，クリエイティブシティを推進するための重要な担い手として，アーティストなどのクリエイティブクラス（創造的人材）の存在が重要になるとしている。

このように，クリエイティブシティは，大量生産システムによる工業社会から芸術や文化を核にした脱工業社会における新たな都市戦略として捉えられている。

欧州では，イタリアボローニャ市をはじめ，フランスナント市やスペインビルバオ市などにおいて，芸術や文化による都市再生戦略として注目されている。日本では，石川県金沢市が伝統産業と文化施設などを融合したクリエイティブシティの先進事例として紹介されているが，欧州の先進事例と比べるとまだ存在感が確立されているとはいえない。

しかし，本書で考察する地域創生へ向けたまちづくり戦略において，有効な視座を与えてくれている。

2 地域創生におけるクリエイティブシティの意義

日本の地方都市は，東京一極集中化はもとより，大都市部への人口流出が顕著にみられるなかで，地方都市は人口減少・少子高齢化はもとより，産業の衰退・空洞化などで厳しい状況にあることは否めない。そのような中で，工場誘致政策などによる地方都市経済の活性化も試みられたが，本質的な意味で地方都市再生に結び付いたとはいえない。

このような状況下で，地域固有の文化資本を有効活用した都市経営戦略として，クリエイティブシティの推進は，地域創生の新たな戦略になる可能性を秘めているといえよう。

　後で詳述するが，欧州の中堅都市では，港湾や造船業などで栄えた工業都市の衰退からの都市再生戦略として，地域独自の地場産業の再構築や文化力や創造力を生かしたクリエイティブシティへ挑戦し，成功している。

　そこでは，工業社会から脱工業社会へ向けた都市再生戦略として，住み良いまちを目指しながらも芸術や文化などを生かした魅力あるまちづくりがみられる。

　まさしくそれは，地域固有の文化資本を生かした自己革新能力に富んだ都市経済システムを構築したクリエイティブシティへの挑戦である。

　日本においてはまだ一部ではあるが，伝統（地場）産業の再構築に加えて，地域固有の芸術，文化，音楽などを生かした観光まちづくりなどへの推進によって，クリエイティブシティへ向けた取組みもみられるが，その存在感は希薄といえよう。

　以下では，欧州におけるクリエイティブシティの先進事例の紹介と日本におけるクリエイティブシティに積極的に挑戦している地方都市の取組みを概観し，地域創生とクリエイティブシティの可能性について考察する。

3　欧州のクリエイティブシティの先進事例

(1) イタリア　ボローニャ市

　ボローニャ市は，イタリアの北部エミリア・ロマーニャ州の州都であり，人口約39万人の地方都市である。前述したように，この地域は「第三のイタリア」の発祥地といわれ，近代工業や農業ではない伝統産業などの職人工房による繊維，皮革，宝飾，家具，陶芸などの地場産業が発達した都市が数多く存在する地域である。その代表的都市がボローニャ市である。

そこでは，大量生産システムによる効率化の追求でなく，地場産業などによる専門特化システムによる産業群が集積されており，疲弊したイタリア産業の再構築に向けた新たな産業創出がみられ，自己革新能力に富んだ地域固有の都市経済システムを構築したクリエイティブシティとして，その存在感を発揮している。

　また，古き良き歴史的・伝統的なまち並みや建造物を保存・保全しながら，内部は現代的な機能を加えて再整備するなどして，地域固有の文化資本を生かしたまちづくりに向けた取組みもみられる。

　そして，これらを推進するために地域をあげて社会的組織を形成し，事業者はもとより住民参加システムを構築し，信頼関係，規範，人間的ネットワークなどの構築によるソーシャル・キャピタル（社会関係資本）を構築している。さらに，「社会的協同組合」による福祉政策として，女性の就業支援や保育所の整備と併せて，高齢者介護などの社会サービスの充実にも積極的に取り組んでいる。

　このように，地域独自の伝統産業の集積や文化，芸術などの文化資本による都市経済システムを構築した魅力ある都市を形成している。

(2) フランス ナント市

　ナント市は，フランス西部のブルターニャ地方の主要都市であり，大西洋に注ぐロワール川の河畔に位置する人口約29万人の都市である。19世紀〜20世紀中頃までは，造船業をはじめとする工業（港湾）都市として存在感を発揮していたが，20世紀後半には，造船所の閉鎖により大量の失業者が溢れるなど，厳しい経済状況に追い込まれた。

　これらに対応するために，都市再生計画の柱として文化事業を核とする事業に取り組んだ。その象徴的な事業が「ナント島」大規模プロジェクトであり，産業遺産のビスケット工場を保存活用して，現代アートの実験場として「リュー・ユニック（唯一の場所）」を開設した。

また，ナント島を緑の島に蘇らせるプロジェクトとして，機械仕掛けで動く象（搭乗者年間30万人）や大型のメリーゴーランドなどにより，観光客の集客にも成功している。

さらに，地域密着型の文化イベントとして，音楽フェスティバル「フォル・ジョルネ」を開催するなどして，クリエイティブシティへ大きく舵を切った。

これらの取組みによって，ナント市は，住み良い魅力的な都市として評価され，2004年には，米国の「タイム」誌が選ぶ"ヨーロッパで最も住みやすい都市"の1位となった。

同様に，フランスの「ル・ポワール」誌により，2003〜08年の6年間で3度もフランスにおける"住みたい街"1位に選出された。

なぜ，産業的に豊かでない地方都市が，このような高い評価を得られるのか。それは，脱工業社会における都市再生として，芸術・文化による創造力や文化力がある魅力的な都市をつくりあげているからに他ならない。そこでは，多額の資本をかけて建設された立派な文化施設ではなく，過去の近代遺産の再生利用をはじめ，現代アートや文化イベントなどによるクリエイティブシティ戦略によって，まちを蘇らせたといえよう。

(3) スペイン ビルバオ市

ビルバオ市は，スペインの北部，フランスとの国境近くにあり，バスク自治州に位置する人口約35万人の都市である。20世紀初頭までは，スペインを代表する工業（鉄鋼）都市として存在感を発揮していたが，産業の空洞化への対応策として，20世紀後半には，インフラ整備や都市活性化への積極的な投資を行いサービス都市へ変貌を遂げた。

とりわけ，その中核的な事業としては，国内外から年間100万人を集客する「グッゲンハイム美術館」の開設が都市再生の先導的な役割を果たした。そこでは，潜在的な港湾都市の記憶を生かして金属的な外装デザイン

による装飾はもとより，子犬のオブジェや蜘蛛のモニュメントなど，現代アートによる都市の価値創造に成功している。

さらに，文化施設としては，エウスカルドゥーナホールやビルバオ近代美術館なども内包されており，芸術力や文化力のある魅力的な都市に再生された。ただし，「グッゲンハイム美術館」は地域独自の資産でなく，米国から国際的な価値を移入した施設である。また，音楽フェスティバル「フォル・ジョルネ」もナント市で創出されたものをパッケージ化して移入したものであることは否めない。

しかし，環境変化に適応した芸術・文化事業による都市再生プロジェクトの成功は，官民の協力体制によって成し遂げられた政策あり，芸術・文化が融合した「文化経済学」による都市再生戦略の成功事例である。

4 日本のクリエイティブシティの事例（取組み）

(1) 石川県金沢市

日本のクリエイティブシティ（創造都市）の先進事例は，石川県金沢市であるといえよう。金沢市は，人口約46万人の中核都市であり，歴史的にも由緒ある名所・旧跡を有する観光都市でもあるが，近年，伝統産業と芸術・文化が融合したクリエイティブシティを目指して各種事業に積極的に取り組んでいる。

そこでは，繊維産業（伝統工芸他）や伝統的芸能（金箔他）などの地場産業の振興に加えて，金沢市民芸術村や金沢21世紀美術館など文化施設の整備によって，さらに魅力ある創造都市への価値を高めている。

今後の課題は，都市の文化資本を生かした各種施設の整備はもとより，住み良いまちづくりを目指した生活施設やインフラ整備により，"住みよいまち，人が訪れたいまち"へ向けたさらなる取組みが望まれる。

写真8-1　金沢21世紀美術館

（筆者撮影）

(2) 兵庫県宝塚市

　宝塚市は，兵庫県の南東部に位置する瀟洒な住宅地と音楽・文化施設を併せ持つ，人口約23万人の地方中小都市である。しかし，1995年の阪神淡路大震災による甚大な被害を受けた。さらに，宝塚ファミリーランドの閉鎖（2003年）によって，都市経営は厳しい状況に置かれていることは否めない。

　しかし，まち資産として「宝塚歌劇場」や「手塚治虫記念館」に加えて，音楽都市をアピールする「宝塚音楽回廊」などのイベント開催など，潜在的にクリエイティブシティ（創造都市）としての要素を有する都市であるといえよう。

　近年は，これらの潜在的なまち資産に加えて，まちなかの観光機能をさらに高めるために「(仮称) 宝塚魅力博」への取組みや，まちなかを音楽のテーマパーク化を目指した各種イベントの推進などにも積極的に取り組んでいる。

　そして2020年には，宝塚ファミリーランド（宝塚ガーデンフィール）跡地に，ギャラリー，アトリエ（創作スペース），ライブラリーなどを盛り込んだ「文化芸術施設」を開設予定であり，さらなる文化的資本の構築によるクリエイティブシティを目指している。

写真8-2　手塚治虫記念館

（筆者撮影）

写真8-3　宝塚音楽回廊

（筆者撮影）

(3) 兵庫県篠山市

　篠山市は，兵庫県の中東部に位置する人口約4.2万人の地方小都市である。古来は，旧丹波国として京都への交通の要として栄えてきた歴史があり，まち並みや祭りなどは京文化の影響が色濃く残る歴史・文化的にも由緒ある都市である。近年は，交通網の整備により，神戸や大阪などへの通勤圏にもなっている。

しかし近年は，高齢化の進行や若者の都会への流出などにより，空き家や空き店舗の増加に併せて，農業の担い手不足など多くの構造的問題を抱えている。

そのような状況を解決するために，「創造農村」をコンセプトにした新たな地域創生に取り組んでいる。それは，(社)ノオトが中核となって，創造的な視点から地域の社会的な課題を解決するために，古民家や空き店舗を有効活用した農家民泊や観光振興へ向けたイベントなど，「田舎力」をアピールした"クリエイティブ・ツーリズム"の促進による地域創生に積極的に取り組んでいる。

このように，農村地域においても地域固有のまち資産を生かしたクリエイティブシティ（創造都市）への取組みは可能である。

(4) 香川県直島町

直島町は，香川県高松市に位置し瀬戸内海の直島諸島の島々で構成され，直島は人口約3100人の島である。直島の南側は緑豊かな海岸で瀬戸内海国立公園に指定されている。

1992年にホテル・美術館として，安藤忠雄氏によるベネッセハウスが建設され，観光まちづくりが推進される。これに合わせて，島の随所にアート作品（モニュメント）などの展示の設置や，住宅や店舗などの外装デザインにもアートを凝らした演出がみられるようになり，島全体が現代アートによるまちづくりが推進された。

さらに，2005年には地中美術館，2010年には李禹煥美術館が開館するなどさらなる芸術・文化の島としての文化施設が集積されるようになる。

そして，2010年には瀬戸内海の島々を舞台として，現代芸術による「瀬戸内国際芸術祭」が開催された。そこでは，島の伝統文化や美しい自然を生かした現代美術を通して，瀬戸内海の魅力を世界に向けて発信する各種イベントなどで構成されている。さらに，近年においては，周辺地域の

島々との連携・協働した「芸術祭」に発展拡大している。

そして，これらの地域においては，欧米などの高級リゾート雑誌に取り上げられることも多くなり，徐々に外国人観光客も増加してきており，今後のさらなるインバウンドの誘引が期待される状況にある。

このように，小さな離島においても芸術や文化などを生かしたクリエイティブシティ（創造都市）による地域創生は，大いなる可能性を秘めている。

5 地域創生におけるクリエイティブシティへの考察

3節で欧州のクリエイティブシティの先進事例，4節で日本のクリエイティブシティの取組みについて概観してきた。ここでは，これらの事例から地域創生におけるクリエイティブシティへの可能性や課題について考察する。

欧州の創造都市から導かれるのは，ボローニャ市では伝統（地場）産業などを生かした職人工房などによる地域独自の自己革新能力を生かした都市経済システムの構築，ナント市やビルバオ市では，工業社会から脱工業社会へ向けた産業転換として，地域固有の文化力や芸術力を生かしたクリエイティブシティへの転換は，疲弊した都市の再生戦略として有効な示唆を与えてくれている。

しかし，このような産業転換による都市再生戦略は，行政主導でなく市民の賛同や協力を得ながら取り組まなければ軋轢を生むことになりかねない。その意味でも観光都市へ向けたまちづくりだけでなく，住み良いまちを目指した戦略的な視座が望まれるといえよう。まさしくそれは，"住みよいまちこそ，人が訪れたいまち"である。

日本の事例から導かれるのは，欧州の都市のように明確なクリエイティブシティの先進事例と位置付けるには，やや無理もあるかもしれないが，地域創生を目指したまちづくりとして，現代アートや文化施設などを埋め

込んだ創造都市への取組みは，地域の社会的課題の解決に向けた有効な戦略になるといえよう。そこでは，農村や離島であっても取り組める地域創生戦略としての可能性を秘めている。

しかし，前述したようにクリエイティブシティへの取組みは，行政だけでなく，民間事業者や市民を巻き込み，地域一体となって推進しなければ成功しないといえよう。

このように，クリエイティブシティへの取組みは，地域創生において特異な戦略であるが，地方都市の産業の空洞化や観光まちづくりへの取組みとして，今後の地域創生に向けて有効な示唆を与えてくれている。

6 小 括

ここまで，クリエイティブシティ（創造都市）の概念や地域創生におけるクリエイティブシティの意義をはじめ，欧州の先進事例や日本の各都市の取組みなどを概観してきた。前述したように，地域創生のまちづくり戦略としては，特異な戦略であるかもしれないが，地方都市の産業の衰退や空洞化へ向けた新たな産業の創出はもとより，地域の社会的課題を解決するために，芸術・文化・音楽などを生かした「文化経済学」の視点からみたまちづくりの考察は，地域創生戦略として有意義である。

欧州の先進事例では，人口規模の大きい地方都市の再生戦略として，クリエイティブシティ（創造都市）を捉えているが，日本の事例で紹介したように，農村地域や離島などの地方中小都市においても，芸術や文化を生かした創造都市への取組みは，地域創生に向けて大いなる可能性を秘めている。

なお，欧州のクリエイティブシティへの転換においては，当初は地域の賛同が十分得られない状態でスタートしたため，多少の混乱が生じたことも否めない。

そのためには,地域の共感を得たうえで,地域独自の文化資本を生かした都市の魅力を再構築するうえで,内外に向けて情報発信するシティプロモーション戦略が必要不可欠になる。

　さらに,新たな都市再生戦略の構築に向けては,行政はもとより民間事業者や市民を巻き込んだ推進体制の構築が必要不可欠になる。なお,これらの推進体制(組織)については,次章で詳しく考察する。

● 注
1) 地場産業などの職人工房による伝統産業が発達しているイタリア北部地域を指す概念。

● 参考文献
佐々木雅幸『創造都市への展望』学芸出版社,2007年。
佐々木雅幸『創造都市への挑戦』学芸出版社,2012年。
菅野幸子「蘇るナント――都市再生への挑戦」『文化による都市の再生――欧州の事例から』国際交流基金調査報告書,2004年。
吉本光宏「ビルバオ市における都市再生のチャレンジ」『文化による都市の再生――欧州の事例から』国際交流基金調査報告書,2004年。
R.フロリダ『クリエイティブ・クラスの世紀』井口典夫訳,ダイヤモンド社,2007年

(濱田恵三)

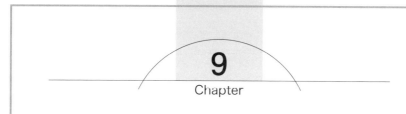

Chapter 9 地域創生と推進主体

1 地域創生における推進主体の概況

　近年,地方都市において全国的な規模で地方(地域)創生に向けた取組みがみられる。そこでは,定住人口の歯止め策や移住人口の促進策をはじめ,地場産業の再構築や新たな産業の創出,地域独自のまち資産を掘り起こした観光まちづくりなどがみられる。

　しかし,このような具体的な事業を推進するためには,明確な推進体制(組織)が確立されていなければ実現できないことは,これまでのまちづくり政策をみても明らかである。とりわけ,近年の中心市街地活性化法でみられたように,行政が基本計画を策定しても具体的事業を推進する推進母体が形骸化し,機能麻痺を起こして事業が実現できない状況に陥ったことは記憶に新しい。

　現在,地方(地域)創生に取り組んでいる地方自治体においても,内閣府の「まち・ひと・しごと創生法(地方創生法)」の制度を活用して,事業計画を策定している自治体は多くみられるが,具体的事業を推進する事業組織(推進主体)を確立して,積極的に取り組んでいる自治体はさほど多くないと推測できる。

　そこでは,国の有効な政策によってビジョン(総合戦略)を策定したものの,明確な推進体制(組織)を構築できず具体的事業が実現できない状況

にあり，"笛吹けども踊らず"の事態に陥っていることも否めない。

これらを解消するために，内閣府では「地方創生人材支援制度」を設けて，地方創生に積極的に取り組む自治体に対して，意欲と能力ある専門家（公務員，大学教員，民間人材他）を市町村の補佐役として派遣する「地方創生カレッジ」の創設も推進している。

また，行政内に新たに「地方創生課」などを設置して，積極的に事業に取り組むための推進体制を強化している自治体もみられる。また，地域おこし協力隊による地域再生へ向けた人材派遣制度も一定の成果を収めているといえよう。

そして近年，地域創生へ向けた観光まちづくりの推進組織として注目される「DMO (Destination management Organization)：観光地経営組織」を設立し，自治体と地元事業者などが協働で観光ビジネス事業を推進する活動組織体もみられる。

さらに，地域創生に向けて民間企業による取組みもみられる。人材派遣業のパイオニアであるパソナグループは，淡路島での農業プロジェクトを手はじめに，廃校を有効活用したレストラン「のじまスコーラ」や淡路島の地元食材を生かした「CRAFT CIRCUS」などによる事業創生はもとより，京都府京丹後市に「京都府農業公園（丹後あじわいの郷）」の再生事業として，道の駅を拠点とした「丹後王国（食のみやこ）」を運営管理している。そこでは人材育成を4次産業と位置付け，従来の6次産業化と併せた10次産業化として，地域創生の拠点施設づくりへ向けて積極的に取り組んでいる。

また，宮崎県日南市油津商店街では，市独自で地域再生請負人を公募によって着任させ，具体的なミッションを定めて事業を推進させるなかで，空き店舗のテナントリーシングやイベント事業などによって商店街の再生に成功している。

しかし，行政や民間事業者などによる推進体制だけでなく，地域内の人

材を最大限生かすために，地域住民を巻き込んで事業を推進する戦略実行部隊の確立や地域内の中核的仲間集団（仲間づくり）の再構築が必要不可欠になる。

2 地域創生に向けた推進主体の考察

　地域創生に取り組むうえで先導的役割を果たすのは，地方自治体の役割であるが，ビジョン（総合戦略）を策定しても事業を推進する推進母体が確立されてなければ"絵に描いた餅"に終わることも否めない。

　前述したように，中心市街地活性化を推進するために策定された「中心市街地活性化法（中活法）」の推進母体として位置付けられた「TMO（Town Management Organization）：タウンマネジメント機関」や，その後に制定された「改正中心市街地活性化法（改正中活法）」の推進母体である「中心市街地活性化協議会（中活協議会）」においてみられたように，推進母体が機能せず，具体的事業が推進できなかった苦い経験がある。

　このような状況に陥らないためには，行政や地元事業者だけに任せるだけでなく，市民（地域住民）の参画と協働が必要になる。とりわけ，地域創生においては，自ら住むまちへの愛着や誇り（シビックプライド）がより重要となるため，「市民力（民度）」の醸成が必要不可欠になる。

　なお，ここでいう市民力とは，市民一人ひとりが潜在的に有しているパワー（活力）を湧きあがらせ，地域に貢献するエンパワーメント（人的な能力）と定める。これらの市民の活力を生かして，地域創生へ向けた共感できる仲間とのつながりが不可欠になる。

　地方（地域）創生に成功している地域においては，定住人口や交流人口だけでなく，地域や地域の人々との関わりを持つ「関係人口」[2]を増加させることも必要になる。とりわけ若い世代は，地方都市において人とのつながりを求めて価値を共感できる居場所を探しており，これらの「場」の提

供と仲間づくりの構築が必要不可欠になる。前述したように，島根県海士町や徳島県神山町をはじめ，地域創生に成功している地域には，必ずこのような「場」をつくり，「コト」を起こし，「人」を繋ぐための戦略が如実にみられる。

これらの地域においては，クリエイティブクラス（創造的人材）の移住者を積極的に取り込んで，地域住民とも連携・協働して，地域創生へ向けた推進役の役割を果たしている。

このように，地域創生を推進するためには，行政に任せるだけでなく，農業・商業・工業・観光業者の地元事業者や外部企業などとの連携と併せて，地域住民や移住者を巻き込んで"有機的な共創型組織"の再構築が必要不可欠になる。そこでは，多様な主体（担い手）が地域創生に参画・協働することで，意識改革や刺激が生まれ，地域への帰属意識を向上させる「共治システム」が確立されている。

まさしくそれは，地域一体となって「ソーシャル・キャピタル（社会関係資本）[3]」を構築することによって，地域力を向上させることに結び付くといえよう。

3 地域創生へ向けた推進主体への展望と課題

地域創生へ向けた推進体制については，地方自治体がイニシアチブを発揮し，先導的役割を果たすうえで，専門部署を設けて基本計画の策定や具体的戦略を推進する必要があることはいうまでもない。宮崎県小林市をはじめ，長崎県大村市，茨城県高萩市などでは，「地方創生課」を設置して，積極的に取り組んでいる地域もみられる。

また，岐阜県高山市では，「海外戦略部」を創設して，地方都市へ増加するインバウンド（訪日外国人）客をさらに誘引するために，民間事業者と連携して「DMO（観光地経営組織）」を設立して，観光まちづくりの推進に取

り組んでいる。しかし，DMOの中には従来の観光協会の看板を付け替えただけで，交付（助成）金の受け皿団体と化している地域もみられ，中活法や改正中活法の推進母体の二の舞にならないことを願うばかりである。

そして，都市（地域）イメージを内外へ発信するために，大阪府吹田市の「シティプロモーション推進室」の設置をはじめ，千葉県流山市の「シティセールス室」，埼玉県春日部市の「シティセールス広報課」や同県の戸田市では「シティセールス戦略市民会議」を設置して，都市のブランドイメージを内外にアピールしている。

また，宮崎県小林市では，メディア戦略として質の高いシティプロモーション動画を製作して，都市の魅力を情報発信している。

このように，地域創生にとってシティプロモーション戦略は，都市の魅力を地域内外へ向けた情報発信の重要なツールになるといえよう。

さらに，地域創生を推進するには，行政だけに任せるだけでなく，民間企業（事業者）や市民（地域住民やNPO他）を巻き込んで，地域一体となって推進体制を確立することが不可欠になる。さらに，時には外部の専門家や地域に移住してきた新住民なども巻き込んで，従来の枠組みや価値にとらわれない新たな推進体制を再構築することが望まれる。

地域創生に成功している都市（地域）においては，自治体はもとより，地元事業者や地域住民（NPO他）などが積極的に連携・協働して，地域一体となって「チームビルディング（有機的な共創型組織）」を構築している。言い換えれば，「行政力」「企業力」「市民力」の有機的結合によって，「地域力」を向上させることが不可欠になる。

4　小　括

地域創生においては，繰り返し記述してきたように，地域ごとの最適状態化を創出する「ローカル・オプティマム」戦略が必要不可欠になるが，

同時に，その戦略を推進させるためには，事業の実現へ向けた明確な推進体制（組織）の確立が必須になる。

そのためには，同じ傘の基で行政や民間企業とのコラボ事業はもとより，市民（地域住民）の共感を得る具体的戦略が必要不可欠になる。とりわけ，人口の少ない地方中小都市においては，行政がイニシアチブを発揮しつつ，関連する各種事業者と併せて，地域住民や移住してきた新住民を取り込んで，共通の価値観を共感できる政策や推進体制を再構築して，地域独自の事業に積極的に取り組むことが望まれる。

近年，地域創生へ向けて，移住者を含む若い世代のアーティストなどのクリエイティブクラス（創造的人材）が先導的な役割を果たしながら，地域と共生した活動が積極的になってきていることは，地域創生にとっては有意義である。

このように，地域創生を積極的に推進するためには，地域独自の"錦の御旗"を掲げて，行政はもとより多様な主体（担い手）が連携・協働して，具体的事業に取り組むための推進体制を確立することが必須条件になる。

■ ■ ■

● 注
1) 商店街単位の活性化による取組みから，まちづくりの視点で中心市街地を活性化する「まちづくり3法」の政策の一つ。
2) 指出一正は，地域に何らかの形で関わりを持つ人々を「関係人口」と呼んでいる。
3) 社会的絆（ネットワーク）の構築とそこから生まれる規範・信頼であり，地域共通の目的に向けて効果的な協調行動へ導く市民社会組織と位置付ける。

● 参考文献
稲葉陽二『ソーシャル・キャピタル』生産者出版，2007年。
上野征洋・根本敏行ほか『市民力』宣伝会議，2006年。
『経済界2017年11月号別冊』特集「地方から日本を元気にする地方創生」。
指出一正『ぼくらは地方で幸せをみつける』ポプラ新書，2016年。
高崎経済大学附属産業研究所編『ソーシャル・キャピタル論の探求』日本経済評論社，

2011年．
濱田恵三『まちづくりの論理と実践』創成社，2011年．
牧瀬　稔『地域創生を成功させた20の方法』秀和システム，2017年．
松永桂子『ローカル志向の時代』光文社，2015年．

（濱田恵三）

終章

今後の地域創生への展望と課題

1 地域創生のあるべき姿

　人口減少・少子高齢社会を迎え，ますます地方都市の疲弊が顕著にみられるなかで，国（内閣府）が一丸となって，地方創生や地域創生へ積極的に取り組んでいる。そこでは，定住人口の歯止め策はもとより，地方都市への移住促進策と併せて，交流人口を促進するために国内外から来訪者を誘引する観光まちづくりの推進が極めて重要な戦略になってきていることは繰り返し述べてきた。

　まず，定住人口の歯止め策については，4章で考察したように地域居住学や地元学の視点から，"住みたい，住み続けたいまち"を目指して，地域への郷土愛の醸成や地域コミュニティの形成と併せて，子育て，教育，住環境整備などが重要な戦略になる。

　そして，地方創生や地域創生の先進都市では，歯止めがかからない定住人口の減少を補うために，都会などから若者の移住促進への取組みも望まれる。そこでは，地方都市の魅力の見直しや地域固有のまちづくりを推進して，都会では味わえない地方都市独自の魅力武装化が重要な戦略になる。まさしくそれは，1章で考察したように「ローカル・オプティマム（地域ごとの最適状態化）」を目指した魅力あるまちづくりへ向けた取組みが必要不可欠になる。

さらに，定住人口の減少を交流人口の増加によって補うために，地域経営を活性化する観光まちづくりの推進が重要な戦略になる。そのためには，6章で考察したように地域独自のまち資産を生かした地域創生戦略はもとより，地域に眠る資源を発掘・発信して，着地型観光による地域独自の観光まちづくりが有効な戦略となる。

　また，7章で考察したように新たなツーリズムによる観光まちづくりの視点での取り組みも重要になるといえよう。そのためには，地域の魅力の再発見と地域を内外にアピールするシティプロモーション戦略が重要になる。

　もとより，これらを推進するためには，9章で考察したように地方自治体をはじめ，地元事業者や地域住民などが連携・協働して，地域一体となった「チームビルディング（有機的な共創型組織）」の構築が必要不可欠になる。そのためには，自ら住む地域への愛着と誇りを高めるシビックプライドの醸成や郷土愛を高揚するシティプライドの構築が重要になる。

2　今後の地域創生への展望

　地域創生に向けた今後の展開として重要になるのは，繰り返し述べてきたように，定住人口の減少を補うために交流人口の促進が必要不可欠になる。とりわけ，団塊世代の高齢化に伴う余暇時間の増大による旅行などの機会創出に合わせた観光来訪者の誘引をはじめ，近年のインバウンド（訪日外国人）の急増に対する取組みとして，自然豊かな地方都市の魅力訴求や地方独自の食文化や祭りなどを海外に向けてアピールすることが重要な戦略になる。とりわけ地方都市は，都会では味わえない日本の古き良き歴史や伝統や文化が残っており，これらを有効活用した観光まちづくりの推進によって，生き残れる可能性を大いに秘めている。

　そのためにも，潜在的なまち資産の有効活用や地域に埋もれている資源

を発掘・発信し，地域独自の魅力武装が必要不可欠になる。まさしくそれは，今まで気付かなかった地域の魅力を再発見し，自ら住むまちまちの地域ブランドを再構築し，内外に発信するシティプロモーション戦略が地域創生に向けて必要不可欠になる。

6章で詳述したように，伊丹市の中心市街地のまちづくりでは，古き良き酒蔵情緒のあるまち並み景観形成への取組みが国土交通省の都市景観大賞「美しいまち並み優秀賞」の受賞をきっかけにして，地域への再評価や地元（郷土）愛が生まれ，「シビックプライド（地域への愛着と誇り）」が一気に醸成され，わがまちへの「シティプライド」が確立された。今まで身近にありすぎて気づかなかった地域独自の魅力を再発見することができた。

このように，どの地域においても認識していないまち資産が埋もれているといえよう。

これらのまち資産（資源）を積極的に生かした地域独自の魅力あるまちづくりの推進が地域ブランディングの構築に寄与し，他都市との競争優位性を発揮し，差異化のある地域創生に結び付いている。

3 地域創生へ向けた今後の課題

地域創生を推進するためには，9章で述べてきたように推進体制の構築が必要不可欠になる。もとより，自治体が先導的役割を発揮することはいうまでもないが，地元事業者や地域住民の参画と併せて，新たに移住してきたクリエィティブクラス（創造的人材）なども取り込んで地域創生へ向けた推進体制を構築することが重要な課題になる。

さらに，自治体が地方（地域）創生に向けた新たな部署の創出はもとより，観光振興を推進する「DMO（観光地経営組織）」の構築などと併せて，地方創生へ積極的な外部企業の参入や協力を得て，前述したように地域創生へ向けた「チームビルディング（有機的な共創型組織）」を再構築すること

が重要な課題になる。

　そのためには，事業推進へ向けて新たな人材の参入や事業を通して人材を育成することも重要な課題になる。また，前項で述べたように自ら住む地域へのシビックプライドの醸成をさらに確立し，地域を愛する郷土愛を高め，シティプライドを高揚させることが必要不可欠になる。

　そして，地域創生における重要な視点として，5章などで指摘したように，国などの交付（助成）金に頼らない事業推進の仕組みを構築していくことも今後の課題になる。今までとかく助成金ありきの事業推進に傾斜するあまり，助成金が打ち切られた時点で事業が継続できない状況に陥ったことが多くみられたといえよう。

　そのためには，助成金に頼らないで推進組織の体質強化はもとより，企業的な視点で事業を捉え，費用対効果を十分考慮した事業の推進が余儀なくされる。

　さらに，地方（地域）創生をブームとして捉えるのでなく，地域の持続ある発展を目指し，一過性に終わらない推進体制や事業の継続的なシステムの構築が望まれる。そのためには，地域一体となったまちづくり運動として捉えることが必要不可欠になる。

　最後になりましたが，出版に関して取材に協力して頂いた自治体や各種団体などに対して，この場を借りまして厚く御礼申し上げます。
　本書が少しでも地方（地域）創生に取り組む自治体，事業者，地域住民などの参考になれば幸いである。

（濱田恵三）

索　引

あ　行

空き家活用シェアハウス　63
アーティスト・イン・レジデンス　64
アート・ツーリズム　10
アネッサ・クラブ　115
あるもの探し　57
アンケート調査　31
移住　55
イノベーティブ・シンキング　24, 27
インタウンデザイナー　43
インバウンド　4
EKIMAE MALL　23
エッセンス　20, 29, 32
NPO法人グリーンバレー　65
エビスサーキット　111
エリア型　54
エリアリノベーション　7
LCC　113, 114

か　行

カバンストリート　25
神山プロジェクト　63
神山町　63
河和田アートキャンプ　42
河和田地区　42
関係人口　133
観光商店街づくり　75
共同性　52
クラフトツーリズム　45
クリエイティブクラス　7, 120, 136
クリエイティブシティ　119
グローバル・アライアンス　106
広域連携　106
交流人口　105

高齢者宅同居　63
顧客生涯価値　18
国内旅行消費額　104, 109
コミュニティ　52
コンパクトシティ構想　72

さ　行

サテライトオフィス　65
鯖江市の取り組み　41
産業観光　5, 91
3C　16
事前テスト　31
シティプロモーション戦略　135
シビックプライド　6, 141
市民力　133
地元学　57
宿泊型観光　109
商業観光化　90
商店観光ツアー　84
情報インフラ　81
消滅可能性都市　i
自力の底上げ　41
スクリーン・ツーリズム　10
生活学芸員　58
生活職人　58
積極的地域協働型研究　62
(株)全国商店街支援センター　73
ソーシャル・キャピタル　122, 134

た　行

体感型マーケット　43
体験的ベネフィット　17, 19, 20, 22-26, 28-32
第三のイタリア　120, 121
タウンマネジメント会社　87
地域活性プロデューサー　40

地域居住学　51
地域コミュニティ　52
地域コミュニティ活動　54
地域商業活性化法　72
地域性　52
地域団体商標制度　9
地域ブランディング　35
地域ブランド　9, 38
地方創生推進交付金　67
チームビルディング　135
着地型観光　10, 91, 104, 106
中心市街地活性化法　72
TSUGI　43
ツーリズム　103
TMO（タウンマネージメント組織）　72, 133
DMO　11, 107, 108, 132
DMC　107, 108
定住　55
定住人口　105
定性調査　31
定量調査　31
デザイナー　36
デザイン　39
デザイン・シンキング　24
デザインプロデュース　47
テーマ型　54
豊岡市　25

な 行

ナイトタイムエコノミー　112
中川政七商店　43
流山市　21
2軸図　27
日常観光　10, 93

は 行

発地型観光　10

バニラ効果　113
はばたく商店街30選　83
パラダイムシフト　79
日帰り観光　109
B-1グランプリ　9
フォーカスグループインタビュー　31
福井駅前商店街　23
福知山公立大学　61
福知山市　61
フード・ツーリズム　10
ブランディング　39
ブランドプロデューサー　35
プロダクトコーン　29, 32
ベネフィット　17
ペルソナ　21, 23

ま 行

マーケティング戦略　18-22
マーケティングフレームワーク　16
まち・ひと・しごと創生法　2
街づくり会社　71
マッピング　27
水俣市　57
ミュージアム・ツーリズム　10
村丸ごと生活博物館　57, 58

や 行

USP（Unique Selling Proposition）　25
よそ者・若者・馬鹿者　45

ら 行

RENEW　43
旅印　45
ローカル・オプティマム　4, 11
ロジカルシンキング　29

《執筆者紹介》（執筆順．＊は編著者）

＊濱 田 恵 三（はまだ　けいぞう）[はじめに，1・8・9・終章]
　　　　1950年生まれ．
　　　　大阪市立大学大学院工学部後期博士課程修了，博士（工学）．
　　　　地域ブランド戦略研究所 所長．
　　　　専門分野：まちづくり，地域ブランド 等．
　　　　主要著作：『まちづくりの論理と実践』（単著）創成社，2011年．
　　　　　　　　　『地域ブランド論』（共編著）同文館出版，2012年 等．

　山 本 誠 一（やまもと　のぶただ）[2章]
　　　　1959年生まれ．
　　　　近畿大学商経学部商学科卒業．
　　　　関西学院大学専門職大学院経営戦略研究科専門職学位課程修了，MBA（経営管理修士）．
　　　　大阪国際大学 経営経済学部 経営学科 准教授．
　　　　専門分野：経営戦略，マーケティング戦略，商品・サービス戦略 等．
　　　　主要著作：『自社サイトを"コスト"で終わらせないために』（共編著）Kindle 版，2014年 等．

＊伊 藤 浩 平（いとう　こうへい）[3章]
　　　　1957年生まれ．
　　　　大阪芸術大学デザイン学科卒業．
　　　　株式会社 NORTH LAND DESIGNS. 代表取締役．
　　　　専門分野：デザイン，コンサルティング，ブランディング．

　辻 本 乃理子（つじもと　のりこ）[4章]
　　　　奈良女子大学大学院人間文化研究科博士後期課程修了，博士（学術）．
　　　　流通科学大学 人間社会学部 准教授．
　　　　専門分野：地域居住学，生活環境学，都市計画．
　　　　主要著書：『地域居住とまちづくり』（共編著）かもがわ出版，2005年．
　　　　　　　　　『政府・地方自治体と市民社会の戦略的連携――英国コンパクトにみる先駆性』（共編著）公人の友社，2008年 等．

＊神 戸 一 生（かんべ　かずお）[5章]
　　　　1946年生まれ．
　　　　関西学院大学商学部卒業．
　　　　NPO 法人神戸まちクリエイト代表．
　　　　専門分野：商店街まちづくり．
　　　　主要著作：『都市商業とまちづくり』（共編著）税務経理協会，2005年．

中川 佳英子（なかがわ　かえこ）［6章］
　　大手前大学現代社会学部卒業．
　　株式会社大阪宣伝研究所　代表取締役，奈良デザイン協会　会長，近畿圏デザイン協会　協議会委員．
　　専門分野：プレゼンテーション・企画立案，ジュエリーデザイン　等．
　　主要著作：『素敵なジュエリー作家達』（自主出版）．

栗原　正憲（くりはら　まさのり）［7章］
　　1953年生まれ．
　　明治大学商学部卒業後，ANA入社．
　　株式会社ANA総合研究所　主席研究員，流通科学大学　人間社会学部　教授．
　　専門分野：航空事業経営論，ホスピタリティ・マネジメント論　等．

地域創生の戦略と実践

2018年6月10日	初版第1刷発行	＊定価はカバーに
2020年4月15日	初版第2刷発行	表示してあります

編著者	濱田 恵三
	伊藤 浩平 ©
	神戸 一生
発行者	植田　実
印刷者	田中 雅博

発行所　株式会社　晃洋書房

〒615-0026 京都市右京区西院北矢掛町7番地
電話　075(312)0788番(代)
振替口座　01040-6-32280

装丁　野田和浩　　　印刷・製本　創栄図書印刷㈱
ISBN978-4-7710-3057-2

JCOPY 〈(社)出版者著作権管理機構委託出版物〉
本書の無断複写は著作権法上での例外を除き禁じられています．
複写される場合は，そのつど事前に，(社)出版者著作権管理機構
(電話 03-5244-5088, FAX 03-5244-5089, e-mail:info@jcopy.or.jp)
の許諾を得てください．